十年奠基
百年筑梦

上 海 科 技 大 学
建 校 十 年 纪 事

本书编写组——编

GROUNDWORKS
The Inaugural Decade of ShanghaiTech

上海人民出版社

编委会名单

序　言

2023 年 9 月 30 日，上海科技大学将走过自建校以来的第一个十年历程，并将迈向高质量发展的新征程。

上科大是我国进入中国特色社会主义新时代之后，高等教育改革发展的新生力量。如果从 2003 年上海市与中国科学院共议院市合作、创建一所创新型研究型大学设想算起，已有 20 年。2013 年建校以来，上科大坚持以立德树人为根本任务，以为党育人、为国育才为根本目标，以服务国家创新驱动发展战略和中华民族伟大复兴为重要使命，坚定不移走改革创新之路，实现了办学治校诸多领域从 0 到 1 的突破。我们深切体会，创新的过程没有先例可循，奋斗的经历方显弥足珍贵。

十年来，我们实现了办学水平的跨越式发展。我们在国家和上海区域发展亟需的关键领域进行了前瞻性的学科专业布局，建校九年就入选了第二轮"双一流"建设高校，成为中国新型研究型大学的重要成员。

十年来，我们培养了一批批全面发展的优秀创新人才。他们朝气蓬勃、富有创新创造活力和发展潜能。上科大的生源质量不断增强，毕业生培养质量得到社会的高度认可。

十年来，我们打造了一支高水平、成长型的师资队伍。他们教书育人，是同学们的良师益友。他们深耕学术，致力于探索世界科技前沿和服务国家创新战略，担承重大科技攻关任务，建设大科学装置，推动科技成果转化应用，发挥了高校创新策源功能。

十年来，我们建立了大开放、大合作的办学格局。坚持推动学校与海内外的融合共进，不断深化科教、产教、医教合作，拓展与世界知名大学和科研机构的合作网络。

十年来，我们探索了一条具有中国特色、符合世界研究型大学发展规律的大学治理结构。我们贯彻党的教育方针，坚持党的领导，建立了以学校《章程》为核心的现代大学制度体系，实施了一系列深层次的办学体制和管理体制改革创新，不断提升学校治理效能。

十年筚路蓝缕，上科大前进的每一个步伐，无不是每一位上科大人奋斗精神的历史印迹。正是他们的不懈努力，才成就了今日学校发展的丰硕成果。在建校十周年到来之际，我们邀请了参与学校筹划和建设的亲历者代表，让他们从亲身经历中阐述践行"立志、成才、报国、裕民"的育人理念和融入国家战略科技力量、服务国家创新战略的创新历程。

历史是最好的教科书。通过了解上科大的建设和发展史，我们希望每一位上科大师生知道上科大因何而建，为何而生？我们从哪里来，要到哪里去？要想明白，更要变认知为行动。上科大第一个十年是开拓创新、砥砺前行的十年。面向未来，我们要深刻领会并深入践行习近平总书记在《扎实推动教育强国建设》重要文章所提出的要求，形成指引学校未来高质量发展的共识和准则，汇聚更强劲、更持久的力量。坚守建校初心，保持发展定力，服务国家战略，为国家的创新驱动发展和中国式现代化建设贡献上科大力量。

道虽远，行则将至；事虽难，做则必成！与所有上科大师生校友共勉！

江绵恒　李儒新

2023 年 9 月于上海

目　录

未来中国能源的科技创新

——在首届本科生暨 2014 级研究生开学典礼上的讲话

江绵恒

今天我们隆重举行上海科技大学首届本科生暨 2014 级研究生开学典礼。我谨代表全校教职员工，向今年入学的各位新生表示热烈的祝贺，向前来参加开学典礼的各位来宾表示诚挚的欢迎！

2014 年 9 月 30 日，在首届本科生暨 2014 级研究生开学典礼上，江绵恒校长发表题为"未来中国能源的科技创新"的讲话

开学伊始，特别是我们迎来了上海科技大学的首届本科学生，首先我想借这个机会，向为新生开学工作付出艰苦努力的全校教职员工和建设者们，表示崇高敬意和衷心感谢；向共同举办上海科技大学的上海市人民政府和中国科学院，表示衷心感谢；向所有在上海科技大学筹建过程中给予支持和帮助的单位和友人，表示衷心感谢！同时我也要特别感谢今天入学的同学们，因为你们选择了刚刚成立的上海科技大学作为人生旅程新的起点，为此，我想以"未来中国能源的科技创新"为主题，和大家共同探讨上海科技大学"立志、成才、报国、裕民"办学理念的内涵。

2012 年 11 月 29 日，党的十八大闭幕两周后，习近平总书记率中央政治局常委和书记处的同志来到国家博物馆，参观《复兴之路》展览。习近平总书记深情指出："现在，大家都在讨论中国梦，我以为，实现中华民族伟大复兴，就是中华民族近代以来最伟大的梦想。"何谓民族复兴？它说明，曾几何时，中华民族以灿烂辉煌的文明屹立于世界民族之林，但昔日的强盛，却被代之以日后的衰落，沦为垫底，由此激发中国人民为再次赢得民族的尊严而自强不息、不懈奋斗。今天，中华民族伟大复兴展现出前所未有的光明前景，正如习近平总书记指出的："现在，我们比历史上任何时期都更接近中华民族伟大复兴的目标，比历史上任何时期都更有信心、有能力实现这个目标。"为此，习近平总书记代表党的十八届中央领导集体，提出了"两个一百年"的奋斗目标："在中国共产党成立一百年时全面建成小康社会，在新中国成立一百年时建成富强民主文明和谐的社会主义现代化国家，赢得中国人民和中华民族更加幸福美好的未来。"

要实现"两个一百年"的奋斗目标，首先要有坚实的物质基础，这也是社会生产力发展的本质要求。纵观人类社会的发展历史，就是物质文明和精神文明发展和升华的历程，这一过程永无止境，但不同历史阶段又呈现出不同特征。如果说，人类文明赖以生存的物质基础的集中表现是能源，那么，这一文明的进化过程也与能源利用的方式紧密相连。两百多年前以蒸汽机发明为起始的工业革命，开启了现代文明的工业化历程。与此同时，人类也开始了以化石能源为主要能源的时代。纵观整个工业化进程，虽然其主要能源基础是化石能源，即煤、石油和天然气，但能源结构和利用水平则随着生产力不断发展发生很大变化。自工业革命以来，全球经济呈指数增长。由于经济增长对人类生活水平和质量的提高，全球人口也呈指数增长。增长的源泉是技术的不断进步，其标志是技术创新不断催生新的生产工具。生产工具和能源结构的演变，是构成生产力发展和文明进步的主要方式和内容。

因此，能源是国民经济的命脉，实现"两个一百年"的发展目标，未来中国能源能否可持续发展是关键。改革开放35年来，中国经济发展取得了举世瞩目的成就，中国人民的生活水平发生了翻天覆地的变化。综观与这一过程紧密相关的能源发展，可以启迪未来可持续发展的思路。

首先，这35年来，中国的人均GDP呈指数增长，相应的能源消费也呈指数增长。这一趋势和全球工业化进程早期阶段的特征很相似，也充分表明中国目前仍处于工业化和城镇化加快发展的阶段。至2013年，我国人均GDP已达6767美元，能源消费总量达37.5亿吨标准煤，人均能源消费量为2.77吨标准煤，能源强度（单位GDP能耗）为0.7吨标准煤每万元左右。按照这一发展趋势，如果延续目前这种粗放型用能方式和效率，据有关部门预测，到 2030 年能源消费总量将突破 100 亿吨标准煤，远远超出国内供应能力。

与此同时，能源消费结构也出现变化。中国一次能源始终以煤为主，虽然所占比重呈下降趋势，2013 年为 66.2%，比 2000 年降低 3 个百分点，但仍比世界平均水平高出 36 个百分点。天然气和非化石能源虽然比重仍然较小，但呈上升趋势，均比 2000 年提高 3.4 个百分点。原油消费比重趋于平缓，但消费总量呈上升趋势，这与近年来汽车保有量不断增加不无关系。我国石油供需的主要矛盾是生产总量逐年下降，供应缺口逐年增大，对外依存度持续增高。2013 年，我国石油进口已占消费总量的 57.7%，据有关部门预测，到 2030 年石油对外依存度将超过 70%，石油安全问题日益突出。

由于我国能源消费总量的快速增长，以及一次能源以煤为主的能源结构，使得温室气体排放和环境污染的情况日益严重。我国已成为全球二氧化碳排放最严重的国家，大量的二氧化硫、氮氧化物和烟尘等污染物排放，已造成许多地区空气质量严重超标，造成在国际上应对气候变化的压力也日益增大。每年因煤炭开采造成的土地占压和沉陷超过 4 万公顷，破坏地下水资源约 80 亿吨，使得我国本来就十分脆弱的土地和水资源问题尤为严峻。生态环境的破坏在几代人的时间尺度内是不可逆过程，急功近利，牺牲未来发展当前，是反文明的行为，是不可持续的。

综上所述，未来中国能源要满足实现"两个一百年"的发展要求，既有远虑，更有近忧。如何解决这些问题，走出一条中国特色的能源、环境可持续发展的道路，是科技创新的根本目标；创新驱动、转型发展，是根本途径。

一、提高能源利用效率空间巨大

如何提高能源利用效率，有着巨大的发展潜力。以电灯照明为例，从一次能源发电，到电力传输配送到户，点亮白炽灯，到取得照明的效果，整个过程一次能源的利用效率只有 1%。这是一个非常极端的例子，但又是一个长期、普遍的现象。当全球仍有十几亿的人口没有电力照明时，能够享受这一文明的人们却在大量浪费一次能源。因此，围绕这方面的科技创新不断涌现，从一次能源的热、电联供，到特高压和超导输变电线，经过智能分布式电网，点亮半导体发光二极管 LED 照明等，无数新的科技成果不断提高能源的利用效率。再以美国一次能源的利用效率为例，美国 2013 年一次能源的消费为 35 亿吨标准煤，但只有 40% 被有效利用，60% 都被浪费了。中国 2013 年能源消费已达 37.5 亿吨标准煤，超过美国，但利用效率数据无从可查，因此在提高能源利用效率这一领域的科技创新，空间巨大，永无止境。

二、立足国内，确保安全

如前所述，我国一次能源以煤为主，缺油少气，这一格局在相当长的时期内难以改变。由于近年来对油气资源需求的不断增长，国家在进一步加大油气开发、生产能力的同时，加快了利用境外资源的步伐，包括在境外投资油气开采项目，构建油气战略进口通道，建立多元化的进口渠道等。但是国际政治风云变幻，对外依存度越高，带来的不确定性就越大，因此必须要有应急准备。中国科学院相关研究所，经过多年的努力，已经研发出多项煤制液体燃料（CTL）和化工制品（MTO）的催化剂和工艺流程成果，并在工业化示范和产业规模发展方面取得成功。

特别是"煤的间接液化制油"技术，已经超越国际著名的南非萨索尔公司，打破了国际垄断，形成了我们自主的知识产权。确保油气安全，有备才能无患。因此，在这一领域的科技创新仍有很大空间。

三、煤的清洁、综合利用是重点

我国一次能源以煤为主，煤炭资源利用又以发电为主，由此产生两方面的问题：一是资源利用效率低下；二是生态环境不断恶化。化石能源包括煤、石油和天然气，平均来说，煤资源中的一个碳含有 0.5 个氢，石油资源中的一个碳含有 2 个氢，而天然气中的一个碳含有 4 个氢。能量转换主要是碳和氢与氧的放热反应，并产生二氧化碳和水。相同分量化石能源产生的能量，煤最低，天然气最高；转化过程产生的二氧化碳煤最高，天然气最低。换句话说，获取同样的能量，需要更多的煤炭资源，同时排放更多的二氧化碳。美国政府在应对全球气候变化和温室气体减排问题上一直持反对态度，但是最近奥巴马政府提出了美国到 2030 年的减排目标，其主要原因是美国能源结构中天然气（主要是页岩气）的比重不断增加，降低了二氧化碳的排放量。这也对能源结构以煤为主的中国提出了严峻挑战。应对这一挑战的唯一途径，是加快煤的清洁、综合利用的科技创新。

煤的清洁、综合利用的科技创新，大致可以概括为三个主要方面：（1）C1 合成；（2）CO_2 的捕获与转化；（3）氢的制备。

前面所述煤制油和煤制化工品是 C1 合成的典型案例，虽然可以作为替代油气的急备之用，但合成过程产生大量的二氧化碳和消耗大量的水资源，造成碳资源的浪费和生态环境的破坏。因此解决 CO_2 的捕获与转化，通过制氢来降低水资源的消耗，是煤的清洁、综合利用成功的关键。

氢本身是清洁能源，但自然界除了与化石能源共存的氢可以作为一次能源直接利用，氢的主要存在形式是水（H_2O）。无论是 CO_2 转化（过程本身就需要氢或水）还是分解水制氢，都是吸热反应，都需要吸收能量。因此，CO_2 转化和分解水制氢的科技创新，不是创造新的物质和能量，而是寻求能量和物质转化新的过程，以达到以煤为主能源结构的碳效和能效的最佳平衡，保持资源和环境的可持续发展。要达到这样的效果，煤的清洁、综合利用还需要有新的能源作补充。

四、新能源和可再生能源

地球的化石能源是有限的，人类文明发展对能源的需求是无限的，即便不考虑对生态环境带来的影响，化石能源不可能永远支撑全球经济的发展，人类必须寻求新的能源利用方式和资源来源。太阳辐射是人类可以利用的取之不尽、用之不竭的可再生能源的来源，而且也是一种清洁能源。太阳辐射的直接表现形式是光和热，人类直接利用太阳能的方式包括太阳热的收集储存和热电转换、太阳光的光电转换和光化学转换。事实上，风能、水能、生物质能等，也都是太阳辐射通过和大气、海洋和地面相互作用的自然过程形成的可再生能源，是太阳能的间接利用。从可持续发展的角度看，太阳能是解决人类文明能源需求的终极来源。

太阳能的直接利用在相当长的时期内还不能完全替代化石能源，原因在于它的能量密度低，需要大的占地面积和收集设备（包括光热和光伏）来转化太阳能，因此投资大、成本高。但是在这一领域的科技创新不断进步，以发电为例，太阳能利用的成本不断逼近化石能源的发电成本。如果把化石能源产生碳排放的污染成本一起计算，太阳能发电的经济优势指日可待。

太阳能利用的科技创新，重点是提高效率。以光伏太阳能为例，降低成本是目标，提高光电材料的转换效率是关键，这方面的研发不断取得新的进展，包括新的光电材料的发现，以及各种光电材料转换效率的不断提高。其中，多结化合物半导体聚光太阳能电池的转化效率已达到44.7%，晶体硅太阳能电池的最高转换效率已经突破25%，CdTe和CIGS薄膜太阳能电池的转换效率都达到了21%。最近发现的钙钛矿结构太阳能电池的转换效率，美国可再生能源研究所的实验室纪录已突破18%。因此，在可再生新能源领域新材料、新技术的创新，有着巨大的发展空间。

如前所述，生物质能是太阳能的间接利用，但生物质的综合利用却有待于不断开发各种新的转化技术，其中包括微藻生物技术的开发和利用，这方面的科技创新仍有很大的发展空间。

五、核能的综合利用

核能分为裂变能和聚变能，目前实际使用的都是核裂变能。核能的最大优势是能量密度高。能源物质提供能量通常是通过化学反应或核反应产生的。化学反应中，原子或分子的电子组态发生变化，引起原子或分子的结合能发生变化；核反应中，反应前后原子核的结合能发生变化。化学反应产生的结合能变化是几个电子伏（eV）的量级，而核反应的结合能变化是百万电子伏（MeV）量级。因此，核能物质的能量密度要比常规化石能源高上百万倍。例如煤的能量密度为 2.9×10^7 J/kg，而核裂变燃料铀235的能量密度为 7.49×10^{13} J/kg。一个100万千瓦的煤电厂每年要消耗150万吨煤，同样发电量的核电站只需要500 kg的铀

235。核能在未来能源结构中的位置取决于能否解决核能利用的三大问题：（1）项目投资大，建设周期长，财务风险高，回报不确定；（2）核电站的安全性问题，核安全事故的发生既有不可抗力的自然因素，也有运行管理的人为因素；（3）核废料的处理难题，虽然 100 万千瓦的核电站每年只需要 500 kg 的铀 235，由于铀 235 的天然丰度只有 0.7%，经过富集的燃料也只有 3% 的铀 235，因此所需的核燃料是百吨量级的，燃烧后的乏燃料（主要是铀 238，仍含有剩余的铀 235 和钚 239，加上强放射性的裂变产物）是数十吨量级的。这些乏燃料的处置，由于和强放射性的裂变产物共存，是核能可持续利用的一大难题。

世界核能发展，经历了从 20 世纪 50 年代后期起步至 70 年代末的高潮期，1979 年美国三里岛核事故和 1986 年乌克兰切尔诺贝利核事故之后的低潮期，以及 2011 年 3 月 11 日日本福岛因地震海啸引起的核事故，使得全部在建核电站停工。

但是人类没有在前进道路上因为遇到挫折和灾难所却步，而是以不断进取的精神应对挑战。核反应堆技术已经发展到第三代，同时提出了第四代核反应堆技术的六种堆型，目标就是要解决前面所述的三大难题和挑战。

我们国家已将核能作为未来新能源发展的重要组成部分，目前投产的核电机组 18 台，装机容量为 1569 万千瓦，在建机组 30 台，装机容量 3277 万千瓦。在第四代核反应堆技术研发方面有清华大学的高温气冷堆，已经开始在山东荣成建设 21 万千瓦装机容量的工业示范装置；中国原子能研究院的钠冷快堆也取得了研发进展。中国科学院 2011 年在国家财政部的大力支持下，启动了钍基熔盐堆的先导专项。熔盐堆是第四代反应堆型中的一种，采用熔盐作为冷却剂，具有常压运行（安全性）、700 ℃以上高温输出（高效性）、非能动安全机制（安全性），以及小型模块化（经济性）等优点。钍基熔盐堆是采用天然钍 232 作为核燃料，地球上地壳层中的钍资源是铀资源的 3 倍，中国是稀土资源大国，与它伴生的钍资源也非常丰富，是未来中国核能开发的优势所在。

核能利用不仅仅是发电，高温反应堆输出的热，还可被用作各种高温反应的热源。前面提到煤的清洁、综合利用，需要外加非化石能源才能达到资源利用和环境保护的最佳平衡，因此将核能与碳（包括 CO_2 和制氢）的转化过程相结合，形成新能源（核能、可再生能源）和化石能源相结合的综合能源系统，将会是未来我们国家能源结构调整的方向。

国际上对 21 世纪末能源供给结构预测有三种可能情形：（1）在能源效率大大提高的前提下，未来能源以可再生能源为主，其中可再生能源又以太阳能为主，核能逐渐退出历史舞台；（2）在能源效率没有明显提高的前提下，未来能源以太阳能和核能为主，二者并重；（3）第一和第二种情形的折中。德国在日本福岛事故之后已经宣布至 2022 年全部停止核能的利用，因此德国的发展目标是情形（1）。中国的发展表明情形（2）或（3）更适合我们的国情，因此要前瞻部署第四代核能技术的研究。

六、建设中国特色的能源生态系统

能源结构的改变，必然引起基础设施和利用形式的改变。例如未来一次能源石油的比重将逐步降低，相应地汽油车的比重也应逐步降低，而电动车的普及不仅与新能源的比重增加相关，更与电动车充电基础设施的建设紧密关联。又如太阳能、风能的组件制造成本不断降低，但不能直接融入现有的电网，必须有新的接入系统。再如我国铁路运输的主要负荷是运送煤炭，未来随着煤炭的原地转化、天然气的进口和国内页岩气的开发，输气管道将成为化石能源的主要配送方式。与新的能源结构相匹配的基础设施是集中式和分布式相结合的智能体系，最终形成中国特色的能源生态系统。这是一个需要几代人为之奋斗的宏伟蓝图，是国家发展战略的重中之重，也是科技创新和创业的巨大舞台。

今天我们只是以能源科技作为实例讨论创新和创业的理念，在信息科学和技术、生命科学和技术领域，我们同样感受到国家发展对创新和创业提出的迫切需求。上海科技大学的办学宗旨是为服务国家发展战略培养创新、创业人才，提供科技解决方案。我们殷切地勉励各位同学，在各自学习的领域立下宏伟的志向，通过艰苦的努力，早日成为国家和社会的栋梁之才。上海科技大学是一所刚成立的新大学，今天在座的老师绝大部分是年轻教师，希望各位教师把培养学生作为第一要务，与同学们共同成长，成为未来的学术引领者乃至大师。正如习近平总书记最近在同北京师范大学师生代表座谈时所说的那样："今天的学生就是未来实现中华民族伟大复兴中国梦的主力军，广大教师就是打造这支中华民族'梦之队'的筑梦人。"只要把自己的成长同祖国和人类发展的命运联系在一起，不管前进的道路有多么艰难曲折，不屈不挠，勇往直前，梦想一定能够成真，理想一定能够实现！

今天是我国首个烈士纪念日，明天是中华人民共和国成立 65 周年华诞。在这里，让我们共同缅怀为新中国成立和建设做出巨大贡献的先辈们，共同祝愿我们伟大的祖国更加繁荣昌盛，伟大的人民更加富裕幸福！

【作者简介】

江绵恒，上海科技大学校长。

守正创新、砥砺奋进，
深度融入国家战略科技力量

——中国共产党上海科技大学委员会
第一次代表大会报告（节选）

李儒新

　　上海科技大学（以下简称上科大）是一所年轻的大学，更是一所充满青春朝气和创新活力的大学。自 2013 年建校以来，学校在教育部

2021 年 11 月 6 日，李儒新书记代表学校党委向大会报告工作

的关心、上海市和中国科学院的领导、上科大全体师生员工同心协力，以及全社会的共同支持下，坚持社会主义办学方向，牢记办学初心，恪守办学定位，矢志创新创业。学校发展格局基本成型，综合办学水平和国内外影响力持续提高，已经成为我国新型研究型大学中的一支生力军。

一、我们的发展成绩

优化人才培养方式，学生培养质量稳步提高。学校始终以立德树人为根本任务，构建了以思政课为核心、通识和专业课、实践课程层层衔接的"三全育人"的同心圆体系。探索了"学院＋书院"的学生培养机制，探索了基于研究的本科生教育教学改革，本科生的专业能力和综合素质得到全面培养。实施了"高水平研究生教育综合改革试点"，结合国家重大战略任务和重大科研项目，积极进行研究生教学内容和方法、培养方式、科研训练、导师指导方式等改革探索，加强研究生创新能力培养。绝大多数研究生参与了国家级和省部级重大基础性、战略性、前沿性科研项目。探索了本硕博课程一体化，鼓励学生跨学科、跨学院选修课程。四届本科毕业生、六届硕士毕业生和四届博士毕业生培养质量受到国内外同行和社会的高度认可，深造率和就业质量位列全国高校前列。近五年，上科大研究生以第一作者或并列第一作者在《自然》《科学》《细胞》三大顶尖学术期刊上发表论文18篇。

学科建设水平不断提升。坚持"精"和"特"的学科建设定位，聚焦世界学术前沿、经济社会发展需求，立足学校自身特点和优势，统筹规划学科布局，涵盖了物质、生物、信息、管理、艺术、数学、人文、医学等学科专业领域。学科重心不断凝练，进一步聚焦新能源、新材料、环境、人类健康、人工智能、数据科学、信息安全、集成电路、机器人等国家和上海区域发展亟需且缺乏核心技术和创新能力的关键领域。学科方向更加明确，重点建设和发展了"基础、前沿、交叉、新兴、特色"学科。获批材料科学与工程、物理学、生物学、化学 4 个一级学科博士和硕士学位授权点，计算机科学与技术、电子科学与技术 2 个一级学科硕士学位授权点，以及材料与化工、电子信息、生物与医药 3 个硕士专业学位授权类别。

致力原始创新和关键核心技术攻关，科技创新成果屡创佳绩。坚持把基础研究作为创新之源，推动重点领域"从 0 到 1"的创新突破。2013 年建校以来，我校共有 800 余篇论文在国内外高水平学术期刊发表。近五年，学校以第一单位和主要完成单位在《细胞》《自然》《科学》发表论文 31 篇。一项科研成果获年度上海市自然科学类一等奖，两项成果入选年度"中国科学十大进展"，一项成果入选年度"中国高等学校十大科技进展"，三项成果入选年度"中国生命科学十大进展"。新冠肺炎疫情暴发后，学校科研团队与沪内外合作单位联合攻关，先后取得一批具有国际影响力的科研成果。学校还积极推动科技成果转化，2018 年学校专利许可合同金额位居全国高校第一。学校牵头承担了国内最大的重大科技基础设施——硬 X 射线自由电子激光装置建设。与中国科学院相关研究所共同建设的活细胞结构与功能成像等线站工程暨上海软 X 射线自由电子激光装置研制成功，获首批实验数据，标志着我国在该领域研制和使用步入国际先进行列。

实施人才强校战略，形成高水平和国际化的师资队伍。建立常任教授、特聘教授组成的教授队伍，常任教授整体平均年龄 39.9 岁，其中助理教授占 70%，平均年龄 35 岁。超 80% 的常任教授具有五年以上的海外学习、教学和科研工作经历。常任教授序列中已逾百人入选国家和上海市各类人才项目，30 多名助理教授通过严格的国际评估晋升为常任副教授。特聘教授 254 人，包括诺贝尔奖获得者 5 人、中国科学院院士 35 人、中国工程院院士 3 人、美国国家科学院院士 11 人、美国人文和科学院院士 8 人、英国皇家学会院士 3 人。

勇担教育综合改革探索任务，现代大学治理体系基本形成。遵循高水平大学管理的规律，依托科教融合的办学体制优势，与中国科学院上海分院各研究所全面开展战略合作。充分发挥校务委员会掌舵领航、把脉定向的作用，确保学校发展方向符合国家战略和上海发展要求。开展以常任教授制（Tenure system）为重点的人事制度改革，提出了"重品行、重育人、重学问、重能力、重公认"的人才评价理念，建立了相应的聘任和晋升制度。坚持教书育人第一要求和师德师风第一标准。探索以书院制为特色的全员育人体制改革，建立了三个特色书院，书院导师制逐步健全，成为我校"三全育人"体系的重要载体和特色。实施综合预算改革，按照"部门预算、核定收支、财政补助、统筹安排、加强监管"的原则，科学统筹安排各项经费，细化预算编制，严格内控机制和管理流程，有效保证了学校的办学自主权，提高了公共资金管理的效能。

校园基本建设基本完成，校园管理机制逐步完善。上科大校区2013 年开始建设，历时三年基本建成，总建筑面积约为 70 万平方米。校园建设体现了"学生教师为本、教学科研融合、绿色环保智能"的理念，突出科技元素，兼顾科技与人文、校园与城市、当代与未来的融合。校园与中国科学院上海高等研究院等国家级科研机构和大科学装置紧邻，一体规划和建设，使上科大成为张江综合性国家科学中心的重要支点。学校教学科研和生活配套设施不断完善，教师公寓建设、附属学校和幼儿园优质发展解决了教师安居乐业的后顾之忧。校园管理严格而富有效率，特别是在去年疫情防控中，学校迅速有效落实校园防疫管控举措，并成为全国最早实现全体师生返校和恢复线下教学的高校之一，充分展现了上科大的责任担当和治理效能。

党的领导全面加强，党的建设开创新的局面。校党委坚决贯彻全面从严治党方针，加强党的领导和党的建设。积极探索党委领导下的校长负责制的有效落实方式，校党委和行政领导班子的议事决策机制不断得到完善。党管干部、党管人才的机制不断健全，探索建立了干部选任和使用的综合监督机制，一批中青年优秀人才走上管理岗位。扎实开展党的群众路线教育实践活动和"三严三实"专题教育，推进"两学一做"学习教育和"四史"学习教育常态化制度化。党委今年还精心组织了庆祝建党一百周年和党史学习教育系列活动，"学党史、悟思想、办实事、开新局"的成效初步显现。坚持以提升基层党组织的组织力为重点，突出政治功能，不断优化基层组织设置，创新活动方式，实现党的组织和工作全覆盖。目前学校共有基层党总支 3 个、党支部 41 个，党员 1180 名。支持群团组织依法依章开展工作，教职工代表大会、学生代表大会和共青团代表大会等发挥了民主管理作用。

二、我们的主要经验

看似寻常最奇崛，成如容易却艰辛。过去八年的发展成绩来之不易。我们的主要经验是：

必须坚定不移地贯彻执行党的教育方针。党的领导是中国特色社会主义大学的本质特征和根本政治保证。始终坚持党的领导，加强党的建设，坚定走中国特色的新型研究型大学发展之路，坚持以服务国家创新战略为使命，确保学校发展航向不偏、蹄疾步稳、行稳致远。

必须坚定不移地落实立德树人根本任务。始终坚持"立志、成才、报国、裕民"的育人理念，把培养具有责任担当、健全人格、国际视野、宽厚学识的创新创业英才视为办学治校的根本任务。学校的各项工作围绕育人展开，把育人成效视为评价办学质量、学科建设质量、院所建设质量、教师工作绩效的第一标准，形成鲜明的育人政策导向和系统的育人体系。

必须坚定不移地遵循办学理念和办学定位。始终保持办学定力，坚守办学初心；始终坚持服务国家战略，融入浦东开发开放，融入张江国家科学中心建设；始终坚持把发展科技第一生产力、培养人才第一资源、增强创新第一动力有机结合起来，争取发展资源，提升办学水平，彰显办学特色，赢得社会声誉。

必须坚定不移地把人才队伍作为第一资源。建设一支思想品德高尚、教育理念先进、业务能力精湛、育人水平高超的高素质教师队伍，是学校发展的基础和前提。坚持以做"大事"成就"大师"，关心、支持和引导每一位教师乐业敬业、成功成才。

必须坚定不移地推进改革创新。始终坚持遵循办学规律，解放思想、实事求是，用足用好教育综合改革政策，站立改革创新潮头，勇于打破常规、创新突破、先行先试。改革注重各项举措和制度设计的配套与系统集成，注重激活高质量发展动力，注重有序协调和保持大局稳定。

必须坚定不移推进党的建设与事业发展深度融合。坚持党的建设和党的工作贯穿在办学治校全过程各方面，夯实党的建设基层基础，把党的政治、思想和组织等优势转化为创新发展的优势。

回望八年来的创新创业历程，我们取得了值得自豪的成就。这是教育部、上海市委市政府、中国科学院、市教卫工作党委、市教委，以及社会各界亲切关怀和大力支持的结果，是全校各级党组织和广大党员干部、师生员工励精图治、携手苦干的结果。在此，我谨代表校党委，向所有关心支持学校创业发展的各级领导、各界人士、广大校友，向全校师生员工和共产党员致以崇高的敬意和衷心的感谢！

三、我们的奋斗目标

在新的五年暨中长期发展中，上科大将继续坚持以习近平新时代中国特色社会主义思想为指导，贯彻中央和上海教育和科技创新战略，扎根中国大地，面向世界变革的未来趋势，心怀"国之大者"，以立德树人为根本，以创新报国为使命，以中国特色、世界一流为目标，以高质量和特色发展为主题，继续保持建校以来务实奋进、创新创业、追求卓越的精气神，坚守办学理念，继往开来，厚积薄发，行稳致远，用足用好国家教育、科技，以及中央对上海和浦东建设等重大政策，深度融入国家战略科技力量，增强创新核心竞争力和全球大学影响力，在二次创业中再绘发展宏图，助师生成功成才，为民族复兴和人民福祉提供上科大的智慧和贡献。

到2025年，学校要构建完成体现"小规模、高水平、国际化的研究型、创新型大学"办学定位的比较完善的四大体系，即具有鲜明上科大特色的创新创业拔尖人才培养体系，坚持服务国家战略和面向世界科技前沿的科研创新体系，国际化创新人才揽蓄培育激励的人力资源开发体系，富有活力和效能的大学治理体系。学校办学规模适度，在校生规模控制在 6000 人左右，其中本科生 2000 人左右，研究生 4000 人左右。核心学科水平快速提升，对学校办学水平的带动辐射功能显著提高。全面融入上海科创中心和张江综合性国家科学中心建设，形成基于未来医学中心、2060 研究院、重大科技基础设施，以及与张江实验室等战略合作的内涵发展新增长极，提升在重点领域与世界一流高校对等交流合作能力。继续担当教育综合改革和教育国际化的探索者，担当科教融合和特色、优质办学的践行者，全面提升学校综合办学水平和对国家创新发展、上海"五个中心"建设的贡献能力。

经过继续不懈努力，到 2035 年左右，上科大将建设成为具有全球影响力的新型研究型大学；材料科学与工程等优势学科达到世界一流水平，学生培养质量进入国内拔尖人才培养的第一方阵，拥有一批具有国际影响力的战略科学家、学术大师和教学名师；形成体现中国特色、世界一流大学建设要求的现代大学治理体系。能源、材料、人口健康、信息领域及大科学装置建设等方面取得重大原创性成果，对国家创新战略做出重要贡献。

【作者简介】

李儒新，上海科技大学党委书记，中国科学院院士。

胸怀理想　志存高远

——在上海科技大学 2019 年毕业典礼上的演讲

徐匡迪

中国有一所伟大的学校——西南联大。在她的校友中，有 3 位诺贝尔奖获得者，还有 9 位"两弹一星"元勋，院士更是不计其数。我

2019 年 6 月，徐匡迪在上海科技大学 2019 届毕业典礼上发言

曾在西南联大校园里跑来跑去，因为我是西南联大附小的学生，在那里度过了小学的前4年。习近平总书记说，实现中华民族伟大复兴的中国梦，需要一代又一代有志青年接续奋斗，广大青年要以国家富强、人民幸福为己任，胸怀理想、志存高远，积极投身中国特色社会主义的伟大实践，并为之终生奋斗。今天我想给大家介绍的就是一所值得中国人永远怀念的大学——西南联大。

西南联大诞生于国难深重、民族危亡的抗战时期，到1946年结束。卢沟桥事变以后，北大、清华和天津的南开这三所学校师生一起流亡，从北方一直到中国的西南，到了昆明。这是一所世界上基础设施、教学设备简陋，存在时间又短暂的大学之一。这所大学一共存在了8年时间。但是这所学校聚集了当时中国最优秀的教授、科学家和充满爱国报国激情的青年学生。他们有的人走了9000多公里，从东北走到西南，就是要投奔这所学校。历史也已证明，在艰苦的条件下，将当时最好的高等教育资源保存下来，不陷入日寇侵略者之手，薪火相传，对此后新中国的建设发展有着巨大的意义。

西南联大在昆明建校的时候，被嘲笑为只有一所大门的大学。这座大门是用石头砌的，上面写着"国立西南联合大学"。但学校的房子都是用稻草做的屋顶、黄泥垒砖的墙，更不要说大楼，所以当时开学典礼的时候，师生都坐在烂泥地上。当时的轮值校长是梅贻琦，他说了一段非常有名的话，他说："诸位来到西南联大，历经千辛万苦，可能会很失望，因为这不是你们想象中的大学，但是我要告诉你们，大学非大楼之谓也，大学乃大师授学之谓也。"这一讲了以后，他就开始激昂慷慨地介绍坐在地上的教授精英，物理学、数学、化学、生物学乃至于中国语文科学、历史等等。

　　正因如此，日本侵略者知道这所学校不能让它保留，所以来轰炸昆明市时就选准了西南联大，1940年轰炸了西南联大的学生宿舍。西南联大的大教室和图书馆都是平房，都被炸毁了。半年以后，在昆明西门外重建了西南联大的新校舍。当时全体师生都参加了建校，昆明市民非常踊跃地来帮助。在西南联大新校舍里最好的房子是图书馆。当时学校的领导和教授都提出，我们可以没有实验室，因为实在是困难，但是图书馆一定要有，图书馆是我们师生的精神家园。当时他们从清华、北大和南开经过海运运来很多的文献资料和图书，经过海运运到越南的海防，然后从滇越铁路运到昆明。图书馆是一座楼，二层有个像阁楼那样的气窗，一方面通空气，另一方面就是通光线，所以当时是西南联大校园里面最受学生欢迎的一个地方。实验室几乎没有，因为所有的实验设备都运不起，都留在北京和天津。当时就只有生物系把实验室建了起来，器皿烧杯瓶子不够用，就用吃饭的碗来代替。西南联大最好的宿舍是女生宿舍，是借用了昆华女中的校舍，这个地方离开学校有三里多路，所以女生也比较辛苦，但是条件相对好。男同学则睡在地上，黄泥地上面铺草睡的。

　　在西南联大的教授中，他们有人后来做了北大的校长，成了国家的著名人物。这里面还有梁思成、林徽因，他们是著名建筑学家，设计了中华人民共和国国徽和人民大会堂，还有人民英雄纪念碑。西南联大的中国文学系可以说是汇集了中国的文学精英。

　　但是由于路途遥远，去上学的条件比较困难，不要说什么飞机、高铁，连长途汽车都没有，都要走路去，所以学生不多。即使在这么困难的条件下，从西南联大走出来的国际著名的科学家有1957年诺贝尔物理学奖的共同获奖人杨振宁和李政道，有世界著名的数学家陈省身先生。陈省身在加州大学伯克利分校创建了美国数学研究所并任研究所所长，他创建的是美国大学里第一个数学研究所。国际数学联盟曾经特设过一个陈省身奖，作为数学家的最高级别的终身奖。

同时西南联大为新中国科学事业的发展作出了很大的贡献。西南联大毕业的"两弹一星"元勋有 8 位。朱光亚先生是中国工程院的首任院长，他是原子弹、氢弹的元勋。第二位叫邓稼先，他没有在西南联大毕业，1947 年他到美国去学习。他的数学非常好，在原子弹、氢弹爆炸的整个气体力学和数学计算当中，他是主要的。所以要决定当时在多高的架子上试验，这个爆炸力是什么样，然后飞机怎么投在试验点等等，邓稼先做出了非常大的贡献。还有，郭永怀先生是搞数学力学的，陈芳允先生，还有王希季先生，他是学机械的，赵九章先生是学物理的，其他两位中，有一位最早在西南联大航空系学习。西南联大和我们今天有什么关系？我觉得从西南联大的光辉业绩和上海科技大学六年的教学实践中，我有以下感悟。

第一，我们说办大学，培养人才，首先要以国家富强、人民幸福为己任，我们的办学目标不是为了哪一个人、学什么课。一所学校的教师队伍和学生要具有深厚的家国情怀，这是中国知识分子历来应有的一种崇高情怀。大家知道林则徐去禁烟的时候，和他同年考上进士在朝廷做官的好朋友跟他讲，你这次去很危险，因为道光帝很软弱，而英国很强势。皇帝派你去禁烟，如果禁烟不成功，我们和英国交涉失败，要拿你问罪。当时林则徐给他写下了一副对联，叫"苟利国家生死以"，就是为了国家我生死都置之度外了，"岂因祸福避趋之"，不能因为有福气我就趋向，因为有危险我就避开。所以林则徐最后是被充军到新疆，从一品大员充军到新疆伊犁。但是林则徐即使到了边关，他也做了很多的事情，维护边境稳定，促进民族团结。

　　从西南联大和上海科技大学的办学经验来看，大学最重要的任务是让毕业生具备适应未来社会发展需要的各种能力，奠定最重要的学业基础和自学能力。像上海科技大学这样的理工科学校，我认为最重要的是数学和物理。因为数学和物理给予你一种思维和逻辑的方法，学会了数学和物理，你才能够认识自然界万物。大家知道伟大的革命导师马克思，他的数学修养非常好，他说写书累了的时候就做点微积分。我十分赞赏和支持上海科技大学人才培养的特点——基础理论和专业学科交叉、宽口径的教育方针，而不是把专业分得那么细、那么具体，你们的物质科学也好，生命科学也好，信息科学也好，人文科学也好，这些门类都是既有大的学科概念，又有专门的技术。所以我衷心希望今天要从上海科技大学走出去，走到国内各个地方，走到国外去的莘莘学子，走上新的学习工作岗位以后，要能够为母校争光，成为中国的骄傲，因为任何一个中国人到国外去，你就代表国家，你们要永远记住自己是一个中国人。

【作者简介】

　　徐匡迪，上海科技大学第一届校务委员会主任。

走在科技创新和人才培养的前列

——庆祝上海科技大学建校十周年

施尔畏

2023 年，如以国家教育主管部门批复同意设立为计时点，上海科技大学走过了 10 个年头。如从在浦东创建一所高水平研究型大学的思想种子孕育发芽的时间算起，她已有了 20 余年的生命历程。正是在 2004 年，也就是上海同步辐射光源在浦东张江破土动工的这一年，上海市政府与中国科学院开始筹划在这里共建一所高水平的研究型大学。

回眸过去，在这 20 年里，上海浦东的改革开放先后经历了"开发浦东、聚焦张江"和"建设具有全球影响力的科技创新中心"这两个大潮。上海科技大学的筹建和获批设立可被视为前者的重要成果，她的快速成长则是从后者汲取了强大的动力。

自 19 世纪 30 年代自然科学和实验方法终于在德国的大学体系中走向繁荣至今，现代大学有了近两百年的历史。自 20 世纪初研究生院和研究组织开始在美国的大学中发展至今，研究型大学也有了百余年的历史。这期间，经济社会和科学技术在世界范围，尤其在中国这样的发展中大国中又发生了翻天覆地的变化，这带来了高等教育体制的调整和改革，推动着各类大学通过变革与转型，以在教育科研方向的选取、各类人才的培养和社会责任的履行方面展现新的特征和能力。

从科学研究方法学演进的角度出发，21世纪之前人类的科学活动可被划分为"经验主义""理论"和"计算"这三个原型。在经验主义框架里，科学研究是将自然现象进行分类系统描述的手段。自科学革命起，经验主义原型逐渐让位给理论原型，在这个框架里，源自发现的科学假说能够通过可靠的实验方式加以确认，从而与预期的结果联系在一起。20世纪下半叶，随着计算机技术的进步与普及，许多科学数据可通过计算、而不是仅能通过实物实验或实际观测过程获取；在某些情况下，这类数据可突破传统实验技术或观测手段的限制；在许多领域，数学建模和模拟计算已成为科学研究的基本工具。

进入21世纪后，科学研究方法学又发生了重大变革。许多事例已充分证明美国学者在2007年提出四种范式学说是正确的，这个学说从方法学角度预言未来科学技术发展的方向。在天体物理学、生命与健康、地球与环境、材料设计与制备等领域，科学研究方法学正快速朝着数据密集的范式演进。在这个框架里，理论模型的创建与两类数据的获取比以往任何时候更紧密地结合在一起；建制化科学活动的组织模式、合作方式及其社会价值体现也随之发生深刻变化。人们已真实地看到"科学研究的人工智能（AI for Sciences）"的奇妙身影，听到她大步走来的铿锵声音。

也许有人会问，上海科技大学与其他历史更加悠久的大学的区别在哪里？我给出的第一个回答是，她自建校之初起就以极大的胸怀将自身的科学研究活动与周边的大科学装置融合在一起：

——承担了上海同步辐射光源装置部分实验站的设计和建造；给予了拍瓦级超短超强激光实验装置及国家蛋白质中心设施建设重要且关键的支持；

——2016 年，作为项目法人承担了国家发改委与上海市联合设置的"活细胞结构与功能成像等线站工程"项目，完成了 5 个先进科学实验站的设计与建造，并使之成为上海软 X 射线自由电子激光用户装置的有机组成部分。目前，学校的教师与学生团队正在实验站大厅中忙碌，使用实验站进行开创性实验，对实验站进行调试与维护，并采取积极措施联络与发展外部的科学用户群体；

——2017 年，作为项目法人承担了"十三五"国家重大科技基础设施"硬 X 射线自由电子激光装置"建设项目。为保证这个科技含量高、研制难度大、前沿探索性强且工程周期长的项目顺利实现，她建立了完善的领导体制和管理体系，并负责建安工程总体和线站工程总体的建设任务。目前，长达 3.5 千米的地下隧道已全线贯通，她的教师团队正与中国科学院下属研究机构的研发团队及相关企业的工程团队密切合作，终日奋战在隧道、技术井工作层、地面设备试验与安装大厅中。可以相信数年之后，物理感官上极具冲击力的低温超导连续型硬 X 射线自由电子激光用户装置和极端光子物理实验装置必定会展现在世人的面前。

——在建设之初，她就在校园内部署了巨量数据采集—存储—处理—应用系统和高速宽带网络的建设，投入许多资源来构建数据密集型科学研究活动的基础条件。

上海科技大学是上海张江综合性国家科学中心的主要台柱，是张江地区代表国际先进水平的先进光源大装置集群建设者群体的骨干成员，还将成为这个大科学装置集群的核心管理者和运行者。这些大科学装置建成并投入运行后，必然成为任何普通实验室所不具有、由范围广泛的科技人员共享的科学研究手段，必将产生普通实验室无法想象的巨量科学数据，展现出普通实验室无法比拟的研究效率。从这个角度说，上海科技大学这所没有任何传统包袱和思想束缚的大学，从建立之初起就将自身的科学研究活动规定在第三范式的范畴之内，并大步向第四范式迈进。

对于上海科技大学与其他大学有何区别问题，我给出的另一个回答是：她坚决抛弃了许多大学仍在沿用的单纯依赖争抢资源、扩张规模、放大地域空间的发展模式，而是以极大的胸怀拥抱着周围以中国科学院下属研究机构为主体的研发力量，共同探索和创建具有良好生态特征的科技发展共同体。

上海科技大学在基于大科学装置的数据密集型科学研究活动组织模式上进行了前瞻性与示范性的探索：

——她努力创造更好的条件，使得来自不同组织的个体能够通过更大范围的相互作用产生新的特征和能力；

——她强调不同组织超越其自身利益的关联性，强调将不同组织成员一定程度上的"机械性结合"转变为基于功能差别与专业分工的"有机结合"；

——她强调不同组织的相互尊重和相互欣赏，强调知识产权的保护，强调用理性选择和契约来规范各自的行为，强调健康的合作关系是科技发展共同体的生命线。

在庆祝上海科技大学建校 10 周年的日子里，我为她成功地走在科

技创新和人才培养前列付出的努力感到钦佩，为她不断显现新的特质
与优势而感到高兴。民国时期教育家梅贻琦曾经说过，"大学者非谓有
大楼之谓也，有大师之谓也"。以今天的眼光看，"大楼"者，即为设
置齐全且功能完善的教育科研基础设施条件，"大师"者，即为结构合
理且优势互补的高水平教师群体，两者只是办好一所大学的必要条件。
我觉得办好一所大学还需加一个充分条件，这就是思想解放、理念先
进，积极开放、努力改革，勇于确立超越现状且更加高远的奋斗目标。
由此，我衷心祝愿上海科技大学越办越好，创造出新的更大的辉煌。

【作者简介】

施尔畏，中国科学院原副院长。

以学为本、科教融合，
培养科技创新创业人才

印 杰 缪 园

上海科技大学作为新型研究型大学，既是支持上海发展和浦东改革开放的需要，也是利用中国科学院雄厚的科研力量优势办学的体现，研究型的办学定位自学校筹建起就很明确。但是，"新"在何处？

一是实行大学院制，学院下不设系，促进学科交叉；二是科教融合办学，充分发挥与中国科学院的共建优势，联合培养研究生等；三是坚持"小规模、高水平、国际化"，注重高起点定位、高质量发展、高水平人才培养；四是始终把学生培养作为学校发展的第一要务，让"本科教育是学校立足之本"成为教授共识；五是探索现代大学治理结构、常任教授制度（Tenure-track System）等。

回望学校十年的探索与实践，"以学为本、科教融合，培养科技创新创业人才"贯穿始终。

一、理念篇：一张白纸，勾画最新最美图画

学校坚持并践行"立志、成才、报国、裕民"的育人理念，致力于培养从事科学发现、高技术创新与新兴产业创业的德智体美劳全面发展的拔尖创新人才，使学生能够深入了解中国国情和传统文化，兼具国际化的视野和胸怀，拥有扎实的科学技术功底及创新创业意识和能力，最终成为未来的科学引领者、技术发明者或企业创办者。

学校以培养三类人才所需的素质、知识及能力为目标，制定并逐步完善本科生、研究生培养方案。在课程教学方面，学校构建通识教育、专业教育和双创教育课程体系，侧重培养学生的科研能力、技术创新创业能力。通识教育培养学生科学素养、人文情怀及扎实基础；专业教育满足社会和产业发展的需求，让学生为实际世界做好准备；创新创业教育渗透整个课程体系，使得学生能够跨学科综合运用知识。三位一体的课程体系培养学生学会"做人"与"做事"，使其成为创新型国家发展建设急需的社会栋梁、业界精英和创新人才。

本科培养方案课程体系设计遵循"宽口径、厚基础、复合型、交叉型"的原则，突出"通（通识教育）""专（专业教育）""新（创新创业）"三者的有机融合，由人文社科通识课程、自然科学通识课程、专业课程，任意选修课程四大板块组成。人文社科通识板块涵盖思政、英语、体育、文明通论、文明经典导读、文学与写作、创意与艺术、创新创业管理类课程；自然科学通识板块和专业课板块根据专业特点打通设计，包括所有本科生必修的数学、物理、化学、生物、信息类课程，以及专业必修、专业（方向）限制性选修、专业（方向）推荐选修等课程；任意选修板块支持学生个性化、跨学科或高阶课程的选

修。学生还可根据自身能力选修辅修专业课程，以收获更多的跨学科学习体验。

本科教学实行完全学分制，支持学生自主规划学习路径。注重教师教学和学生学习过程，强调培养学生的能力而非仅仅掌握知识，重视过程性考核与评价。强调课程学习与科研实践相结合，突出培养学生的科研能力、国际化视野和综合能力。建立本硕博贯通的课程体系，教学内容紧跟学术前沿进展。对于学有余力的本科生，鼓励提前修读本研一体课程，自主探索未来发展方向。

研究生培养以提高创新能力为目标、硕博贯通式培养为着力点，按照一级学科实施人才培养方案，着重将创新精神、创业意识和创新创业能力的培养纳入其中。为加强研究生培养过程的管理，学校完善了实验室轮转制和导师小组指导制，同时严格执行博士生资格考试。学校注重将重大科研项目与研究生培养相结合，鼓励学生利用先进的研究平台和尖端的技术手段，与导师共同开展基础性、战略性和前沿性科学研究，全面提升研究生的学术素养和自主创新能力。

二、实践篇：教与学互动，见证师生共同成长

从办学定位到人才培养目标，从教学理念到课程体系设计，最后落实到上好每一门课，我们的教师在不断进步，"教学第一位"已成为他们考核、晋升的必要条件，我们的学生在快速成长，他们在上科大收获了与众不同的学习体验。

（一）齐头并进的文理基础课

为使同学们打下扎实的数理基础和培养跨学科学习的基本能力，每位学生都必修数学、物理、化学、生物和信息等自然科学通识课程。

学校在这些基础"硬课"的教学方法和考核方式上进行了一系列有益的探索。

"数学分析"考虑学生学业基础差距，在新生入学时进行分层考试，依照考试结果，分为 A、B 两层，对于基础较弱的层级适当增加课时。在课程设计上，既强调基本计算技能又强调严格推导，既直观又不失严谨。特别增设了习题课，由数学所的常任教师授课，深入探讨难题，鼓励学生轮流上台讲解，深化学生对所学内容的理解。"普通物理"注重启发式教学，对主要知识点以课堂讲授和讨论为主，对重要的原理定律以及重要的实际应用辅以视频或实物演示，引导学生对问题展开思考和讨论，激发学生的研究兴趣，启迪学生创新思维。"普通化学"在考核方式上做了创新，期末考试成绩仅占学期总评的 20%，两次期中考试成绩各占 10%，而学期总评的 60% 都来自学期的平时成绩，包括随堂测验（26%）、课后习题（28%）和一次学期大作业（6%）。这样的考核模式能够使学生每周、每月跟踪学习进度和效果，注重知识和能力的点滴积累，而非寄希望于在期末考试之前临时"抱佛脚"。"生命科学导论"不仅讲授生命科学的基本概念、基本知识和生命活动的基本规律，还把发表在《细胞》(Cell)、《科学》(Science)、《自然》(Nature) 等顶尖杂志中的最新科技前沿问题融入课堂，通过理论课加讨论课的方式，让学生理解生命科学的基本研究方法和思维模式，了解生命科学发展的趋势和最新动态，有助于学生认识到生命科学与其他非生物学学科之间开展多学科交叉研究的重要性，从而促进学生形成跨学科创新思维的能力。"信息科学技术导论"强调"做中学"，平时作业、阶段性小项目、课程设计和项目实训互相结合，层次递进，难易分流，注重团队协作和综合实践，使学生的自主学习能力、团队协作能力、信息收集能力都得到初步锻炼。

为引导学生融通文理，提高理工科学子的人文素养，学校在本科培养方案中着重构建了人文社科通识课程板块，旨在帮助学生养成健全人格、树立人文情怀和价值理念，培养他们对复杂世界的理解和批判能力。文明通论系列课程通过"中华文明通论""世界文明通论""科技文明通论"课程，力图帮助青年学子建立一个统一而完整的历史观，建立起合理的、有说服力的并能经得起实践检验的中华文明的自我表述。创新创业管理类课程通过"设计思维""经济学导论"课程，启发学生的创新、创业、创意思维，培养学生观察社会现象、分析思考和解决问题的能力。学校同步丰富"文明经典导论""文学与写作""创意与艺术"三大课程群的设置，提高学生对文学、音乐、艺术等的鉴赏能力。在体育课程设置上，学校要求学生在一年级必修"游泳运动与健康"和"科学健身与田径运动"两门课程，培养体育兴趣，提升身体素质。到了二年级，根据兴趣从羽毛球、网球、足球、篮球、跆拳道、击剑与防卫、健美操、乒乓球、武术、拳击与塑形、游泳、瑜伽、体能与健身等项目课程选择一个项目连续修读 2 个学期，以达到掌握另外一项体育技能的目的。

（二）本硕博贯通的专业课程

本硕博贯通的课程和培养体系，是在学校建校之初就确立的一项特色。我们建设本硕博贯通的专业课程体系，本科课程注重宽口径与厚基础，强调综合素质培养；硕士课程注重专业扎实和应用能力，强调学科精专与交叉融合；博士课程聚焦科技前沿，注重研究探索；形成了导论课→基础课→专业课→高阶课的课程链，从而为学生在学科广度与深度上的发展提供了保障。

在信息学院 2015 级本科生金磊看来，研究生课程往往更偏重于前沿的科学研究并强调培养独立科研的创造性、创新型思维。他在大三时，选择了高盛华教授开设的研究生课程"计算机视觉"，课程要求根据老师选定的问题，调研与总结相关领域 SOTA 的算法，理清这些算法发展的脉络、方向以及各自的优缺点。这些问题并没有一个标准答案，只能通过阅读大量的论文和相关解析，作出独立的思考与分析。但也正因如此，使他的论文阅读能力和思辨能力得以提升。而将总结的知识应用在实际数据之上，分析并加之改善，又对他未来的判断与决策能力产生了深远的影响。

信息学院 2014 级本科生张雯在毕业时回忆道："得益于上科大本研一体的培养体系，我在大三的时候就选修了一些研究生课程，而'算法博弈导论'就是其中之一。赵登吉教授用富有吸引力的互动教学方式为我打开了一个全新的领域，我以全班第一的成绩完成了这门课程，也因此找到了我所热爱的研究方向—— 算法博弈论。之后，我加入了赵老师的 SMART 实验室（ShanghaiTech Multi-Agent Systems Research Team），开始了我的科研之路。"

（三）本科生"初探"真实的科研实践

除了开好与课程相关的实验外，学校面向本科生开放教授实验室或课题组、开放公共教学平台和科研平台大型仪器设备，鼓励本科生提前进入导师实验室参与课题，争取到高年级乃至研究生阶段能够独立开展科研项目实践。学生在导师的指导下，像学者一样做研究，在真实的科研环境中全流程开展扎实的科研训练。

生命学院 2015 级本科生张聿茜加入了徐菲教授课题组，她感慨道："在实验室的成长不仅仅包括知识的增长，更重要的是，当我有新想法时，徐老师会鼓励我，自己去做实验验证自己的想法。还记得我在学到稳定膜蛋白的方式后，我在想能不能找一个两性蛋白来稳定膜蛋白？也许在别的地方，我会被告知想法太幼稚。然而，在我与徐老师面谈后，徐老师鼓励我做实验来验证自己的想法，甚至给了我用电镜的机会！除了让我自己想该怎么做外，徐老师也会帮我一起想，会跑过来问我要验证哪些地方，用什么方法验证等。为锻炼我的英语科研表达能力，徐老师都会看我每个月交的月度报告，也会很认真地改"。

物质学院 2016 级本科生袁澜清则加入了江怀东教授课题组，对于他的科研实践经历，他描述道："大一的暑假，我就申请并加入导师江怀东教授组，参与组会和一些实验技能、仪器使用的训练，让当时尚不知科研为何物的我感到非常兴奋。刚上大二，我就有机会接触到像扫描电子显微镜这样昂贵的设备，并且有幸在毗邻学校的上海光源中进行实验。组会让我对科研的思考方式以及领域的前沿进展有了浅层的认识，非常幸运地有师兄师姐耐心地帮助我理解文献，江老师也很热心地与我分享经验与规划。虽然我做的都是些很基础的训练，但待在实验室里总给我一种充实的感觉，这种模糊的幸福感便是我对于科研的初印象。"

（四）国际化的学生培养体系

国际化的学生培养不仅体现在学校课程体系建设与国际接轨，也体现在学校为学生提供的国际交流项目上。

学校引进先进的教学理念、教学资源、培养模式，国际化师资队伍以及国际化课程体系为上科大学子顺利参与国际交流项目打下良好基础。学校教授 96% 以上具有海外高校学习工作经历；80% 以上的本科生专业课程采取全英文或部分英文教学。物质学院 2017 级本科生陈昊在毕业时写道："经过在上科大前两年的学习，我的学术英文水平已经有了长足的进步，听全英文的授课几乎没有语言上的障碍。我在耶鲁大学上课时没有感受到明显的不适应，甚至可以说与上科大课程的整体感觉十分相似。"

学校提供丰富且高质量的海外交流机会，帮助学生奔赴科学的星辰大海，向着未来的学研巅峰勇敢前进。曾赴耶鲁大学、芝加哥大学参加暑期课程，哈佛大学参加"3+1"项目的生命学院 2015 级本科生张瑜谈道："无论是'3+1'项目还是暑校活动，都是对未知世界的一次探索，对多元文化的一次感受。所谓'读万卷书，行万里路'，迈出国门，拓展眼界，对日后的学习定是大有裨益。"2019 年赴哈佛大学交流的生命学院陈相凝同学回忆道："我在开学的第二周就进入了哈佛大学以斑马鱼为模式动物的神经科学教授 Florian Engert 实验室。实验室成员来自全球各地，专业也各不相同，却因为斑马鱼这种模式生物相聚在一起，探索行为和神经的未知世界。"

依托与诸多世界一流高校建立的合作交流项目，我校学子在国际舞台中也获得多元实践的机会，提升了自身的创新意识、实践能力和国际竞争力。信息学院 2018 级本科生叶者，在上科大的课题组项目经历与加州大学伯克利分校某研究项目高度契合，受邀参与研究。他积极思考，主动提出新的项目和思路，表现出极大的科研热情和突出的科研能力，最终获得教授青睐，成为信息学院首位获得加州大学伯克利分校博士录取通知书的学生。物质学院 2020 级赵衍智、翟一舟和冯诣博同学，在伯克利交流期间，组队参加第 13 届国际大学生物理竞赛，获得铜奖。

（五）科教融合的研究生培养

学校从 2013 年招收首届联合培养研究生开始，就坚持按照一级学科制定培养方案，开展硕博连读为主的连贯培养，实行严格的博士生资格考试；根据学科特点，逐步推行实验室轮转制，以扩大研究生对导师、课题的选择权，扩展研究生的知识结构和提升科研能力，并促进学科交叉融合。

在回忆建校初期的研究生培养时，首批入职上科大信息学院的周平强教授不无感慨地说："2013 年 7 月 1 日入职上科大，有幸参加了首届 2013 级研究生的开学典礼，指导了三名上科大第一届硕博连读研究生。由于第一届研究生的数量少，我的学生与整个学院的研究生们一起，被安置在岳阳路校区 8 号楼的一间实验室内。刚起步时，课题组的科研条件还不完善。虽然存在着不少困难，我和其他导师一样，注重言传身教，手把手地指导学生做科研，从阅读文献、讨论想法、搭建实验环境、设计和完成实验过程，到撰写论文并准备被接收论文的会议演讲等。"

学校以上海光源、国家蛋白质设施、超强超短激光等大装置等先进设施资源作为学生科研训练平台，以多学科交叉解决重大问题的专项任务作为学生的研究课题。初步建成了从入门、基础、初阶，到进阶、交叉应用系列光子科学特色课程体系。2019 级硕士研究生吴宸同学在导师刘志教授的指导下，参与设计的大科学装置高热荷载碳化硅晶体分光器关键器件，为国际同类装置中最紧凑的设计。2019 级硕博连读研究生卢栋浩、高梓宸，2018 级硕博连读研究生贺博，2020 级硕士生栾晖在导师江怀东教授的指导下，参与建设的我国首台 X 射线自由电子激光装置，于 2021 年 6 月 26 日首次获得飞秒级成像结果。

三、成效篇：十年耕耘，桃李天下

建校十年，学校人才培养成效初显。已毕业的五届学生，本科毕业生共 1533 名，深造率达 78.4%，约 30.7% 到境外攻读研究生，约 47.7% 选择国内继续深造，深造去向基本为海内外顶尖高校；硕士毕业生共 1054 名，就业率达 97.4%，其中 81.6% 的毕业生选择就业，7.4% 选择国内继续深造，8.4% 选择境外深造；博士毕业生共 622 名，就业率高达 99.8%，其中，67.5% 的毕业生就业，21.9% 选择在国内从事博士后研究，10.4% 则选择到国外进行博士后研究。

对于学校"宽口径、厚基础、交叉型"的本科培养体系，学生们从中受益颇多，这也印证了我们的做法行之有效。物质学院 2016 级本科生刘傲在毕业时回忆道："我们每个人都需要必修物理、化学、生物、信息、历史、文学、创新创业以及金融经济的基础课程。这看似是一条难走的道路，但这四年来，我的观察是大家都走得越来越宽阔。我们在此不仅学到了自己学科的原理、技术、流程、工具；还在思想、气度、修养、视野和格局上不断突破自我。在理工科专业课的学习上，我们不仅有与国际接轨的英文教材和教学，还有上科大特色的科研实践。就我所在的物理专业而言，绝大部分同学都在探索中找到了自己的热爱所在，涵盖的方向包括凝聚态理论与实验（比如拓扑量子材料、二维材料）、高能物理、天体物理、生物物理，甚至还包括医学成像与风险管理等延伸方向，这与上科大自由而丰富的课程体系以及学科交叉的自由环境十分相关。"

信息学院 2018 级本科生范可著经历了多次探索，找到了自己感兴趣的研究方向，她谈道："比起很多早在入校时就清楚规划未来的同学，我虽然在入校初选择了电子信息工程专业，但在很长一段时间里我都不知道自己真正喜欢什么，未来想要做什么。任何选择的决定都需要先了解足够多的信息，而上科大的通识教育和自由的选课体系，给我提供了许多探索的机会。在经历了一系列的探索之后，我发现自己对于硬件尤其是电路有浓厚的兴趣，于是尝试着走上这条道路。然而选择电路方向并不意味着之前的其他探索都是毫无意义的。在这个学科交叉融合的时代，我惊讶地发现原以为无用的生物、化学材料等知识居然也在某一些时刻发挥了作用。过去学习的知识和培养的能力就像一张大网，各个节点在某些意想不到的时刻悄悄地连结在了一起。而这些都与上科大学科交叉的培养体系息息相关。"

得益于学校良好的科教融合氛围，我们的本科生也可以发表高质量的论文、申请高质量的专利。生命学院 2017 级本科生蔡思勉这样回忆他的论文发表经历："我的科研正式开始于加入克里斯托弗·安托斯（Christopher Antos）教授课题组的大二暑假，师兄师姐们非常乐于解决我提出的问题，愿意向我讲述整个课题的进程和意义等。在掌握了基本实验技能后，Antos 教授开始让我参与钾离子通道 kcnk5b 在斑马鱼组织大小调控中的作用研究。在不断的实践中，我逐渐学会自己改进实验，在组会中也能够针对后续的实验计划提出自己的想法。最终，和实验室的师兄一起，我们证明了 kcnk5b 的过表达能够激活斑马鱼体内 shh 和 wnt 通路，从而进一步调控组织的发育。这一研究也已在 *eLife* 上发表。"

与蔡思勉一以贯之的科研探索不同，物质学院 2016 级本科生桑漫坤是在加入不同教授课题组的尝试中，逐渐找到了科研兴趣和方向。大二时，他申请加入了王宏达教授的课题组，进行二维材料的生长制备、器件制作和理论模拟的相关研究。经过三个月的探索努力，虽然最终并没有达到最后预期的结果。但这段和课堂学习截然不同的体验和科研探索的过程无疑锤炼了他的实践能力。大三时，逐渐明确方向的他根据自己的兴趣和特长，申请加入了柯友启教授课题组，在柯教授的指导下，进行了谱函数绘制和自洽算法的相关研究。他参加了改进 EMTO 方法第一原理计算软件的项目，负责根据物理格林函数绘制电子色散谱。在花费大量精力理解了代码的物理意义后，他成功获得了频谱计算所需的参数变量。利用相干势近似（CPA），他成功地绘制出了纯净体系和有杂质体系的电子色散谱。这些结果也被用于研究二元合金的声子色散，相关工作发表在他人生第一篇论文中。

2016 年至今，学校培养的研究生已以第一作者（含共同第一作者）的身份在《科学》(Science)、《自然》(Nature)、《细胞》(Cell) 三大顶级期刊上发表论文 20 篇。学生已参与申请了专利 763 件，许可 155 件，创办了高科技企业 9 家。

信息学院王新宇是首届在上科大完成本硕博学业的 9 名学生之一。在 2023 届毕业典礼上，王新宇代表毕业生发言："我常常想起江校长说过的一句话：做科研要'坐得起冷板凳'才能'做得了钢铁侠'。在上科大的求学生涯中，我逐渐对这句话产生了更深刻的理解：我们要树立自己的目标和理想，为之长期奋斗，这份努力终将带来收获并造福社会。在上科大丰富的课程学习中，我逐渐地对自然语言处理领域产生了浓厚的兴趣，我也将'让计算机更好地理解人类的语言'作为了我长期奋斗的目标。我研究生期间的主要研究目标是命名实体识别，它是理解语言的关键一环。我尝试了上百种方案、训练了 10 余万个模型、观察了大量日常用语的特点，最终设计出了基于知识检索的命名实体识别方案。在去年举行的学术竞赛'国际语义评价研讨会'中，我联合了阿里巴巴、浙江大学、新加坡科技与设计大学的老师和同学进一步提高了模型的准确度，并且使其拥有可同时处理 11 种语言的能力。我们的方案获得了 10 个比赛项目的第一，撰写的论文也被评为大会唯一的'最佳论文'。成果已经服务于国内外的几十个应用场景，每周拥有高达上百亿次调用，公开的模型也拥有几十万的下载量。"

十年耕耘，桃李天下，我们的毕业生是学校"以学为本、科教融合，培养科技创新创业人才"的亲历者，也是上科大"立志、成才、报国、裕民"育人理念的践行者，希望他们继续保持热爱、敢于创新、持之以恒，把个人梦想的实现，与为人民谋福祉、为民族谋复兴、为世界谋大同的崇高使命结合起来，努力成为一名有责任的担当者、有本领的行动者、有毅力的探索者。

【作者简介】

印杰，上海科技大学常务副校长、教务长。

缪园，上海科技大学副教务长，教务处处长。

栉风沐雨　奠基未来

——上海科技大学校园建设

华仁长

上海科技大学校园开工建设至今已整整十年。十年来，上科大快速健康发展，学生培养、科学研究、技术转化硕果累累，跻身国家"双一流"；首届本科生在校完成学业取得博士学位，实现本—硕—博学位人才培养全过程；学术交流、国际交往、社团活动频繁开展；优美校园人来人往、人才济济……耳闻目睹，我禁不住感慨万千。回想起参与学校筹建的一件件往事，尤其难以忘怀的是校园建设。在上海科技大学创办十周年前夕，校党委副书记吴强同志建议我将学校校园建设的过程和往事整理编辑成册，并建议书名为《栉风沐雨　奠基未来——上海科技大学校园建设纪事》。本文便节选自其中的相关章节。

作为一所全新大学，上科大校园建设从零开始，创办者、创始校长江绵恒博士对大学校园建设极为重视，亲力亲为。他亲自选定校址（建校地块），落实土地划拨，落实项目建设经费；亲自抓校园的规划设计，特别强调校园规划设计、功能布局、基础设施要有前瞻思维，着眼未来，亲自主持规划设计方案遴选与完善；亲自主持学院、研究所、学生宿舍、教授公寓等建筑布局、建筑单体设计与装修方案的讨论、完善、审定。工程建设施工期间，江校长多次深入施工现场视察，查看施工进展，检查工程质量，督察施工安全，指导工程建设，慰问建设工人。上海科技大学校园从"无"到"有"的建设全过程，江校长呕心沥血，栉风沐雨，着力为教师、学生缔造一个家园式的宜教、宜研、宜学、生活便利的优美校园，为上海科技大学的未来奠定坚实基础！

一、筹划：先建设施后建大学

2005 年 8 月，中国科学院副院长江绵恒兼任上海分院院长，提出创建中国科学院上海浦东科技园，建设科技创新基地和人才培养基地（一所研究型大学）的设想。按照"先建设施，后建大学"的战略思路，中国科学院上海分院于 2006 年启动了浦东科技园项目建设的调研、规划、项目立项等前期工作。历经三年完成了土地动迁，项目论证、规划和立项、审批等前期工作之后，"院市合作"重大项目"中科院上海浦东科技园暨新技术基地"项目于 2008 年 12 月 30 日正式开工建设。此外，新药创制基地、国家蛋白质科学研究（上海）设施和交叉前沿科研基地项目先后相继开工。

2010 年 12 月，随着新技术基地项目基本建成，"院市合作"共建的中国科学院上海高等研究院和上海小卫星工程中心（中国科学院上海小卫星创新研究院）先后入驻。此外，新药创制基地、国家蛋白质科学研究（上海）设施和交叉前沿科研基地也先后建成投入使用。上海科技大学校园在建期间，上海交叉前沿科研基地的大部分建筑成为上海科技大学的临时校舍。物质科学与技术学院、生命科学与技术学院、信息科学与技术学院的科研、教学活动以及大学的行政管理、生活保障等，在交叉前沿科研基地一直运行到上海科技大学校园建成。值得一提的是，2012 年 10 月至 11 月，上海科技大学免疫化学研究所和 iHuman 研究所先后在浦东科技园新技术基地九号楼成立，成为上海科技大学首批成立的科研机构。

二、设计：将办学理念融入校园规划

上海科技大学的校园建设是一个"边设计，边审批，边施工，边入住"交替进行的过程。在上海市政府、浦东新区政府以及张江管委会、张江集团的大力支持下，2010 年 12 月，上海科技大学建设用地地块动迁完成，校园建设用地正式确定，占地面积898亩。在上海市领导的关心支持下，上海科技大学筹建领导小组、筹建工作小组于 2011 年 5 月 23 日成立，上海科技大学的筹建工作正式启动，校园基本建设项目立项、规划设计等前期工作相继展开。

校园建设需要一张好的蓝图，规划设计是关键。上海科技大学筹建工作小组决定向国内外知名设计机构征集大学规划设计方案。大学规划设计方案（设计任务书）要求，项目功能定位是科教融合、高水平、国际化研究型大学；项目建设目标应契合浦东张江发展定位与功能布局，为高科技产业发展注入新力量，提升地区科技创新能力和竞争力；项目应满足科技园区人才培养、服务保障等各项功能需求，创造"科技、生活、生态"相协调的载体环境，促进"产、学、研"功能的密切合作。美国 KPF 建筑师事务所、美国 MRY 建筑师和规划师事务所、上海现代建筑设计（集团）有限公司、德国 ECS/ 易城（上海）工程顾问有限公司、美国 Gensler 建筑设计规划咨询公司 5 家设计单位，先后递交上海科技大学的规划设计方案。

经过规划设计方案遴选专家评议会、上海科技大学筹建领导小组会议研究讨论，2012 年 2 月 23 日，设计方案征集结果确定选择 MRY 方案，以 MRY 公司的设计方案为主体，吸收 KPF 公司设计方案的优点，进一步深化。筹建领导小组明确要求，上海科技大学定位于建设成为一所创新的高水平研究型大学，以产学研结合为特色，注重学科交叉，强调以人为本，在园区规划设计中应充分考虑自身定位和特点。

江绵恒校长对校园规划设计的优化和完善非常重视。一方面多次与 MRY 项目主管设计师交流讨论，介绍学校创新开放、国际化、科教

2012 年 2 月 23 日，上海科技大学筹建领导小组在中国科学院上海分院交叉学科中心会议室（岳阳路 319 号 11 号楼）召开会议，讨论决定大学规划设计方案。（时任）中国科学院上海分院院长、上海科技大学筹建领导小组副组长江绵恒主持会议

融合、以人为本的办学理念，要求将这些理念融入校园的规划设计之中，对 MRY 规划设计方案提出具体的优化意见；另一方面亲自主持对校园功能布局、建筑风格以及学院、研究所、图书馆、体育馆、学生宿舍、教授公寓等建筑单体设计与装修方案的讨论，形成学校对规划设计方案优化的意见和建议，要求规划设计一个宜教、宜研、宜学、宜生活的优美校园。

如今，当漫步于上海科技大学校园中，师生们一定会体会到总体规划设计所坚持的可持续发展，与自然界和谐共存的理念。建筑物和构筑物合理定位，合理利用地形，布局各功能组团，组织交通，打造园区空间和景观。从营造高效的生态环境出发，充分尊重自然环境，科学地规划和组织多层次的有机生态绿地系统。以创新性解决方案，减少对环境的影响，以及以人为本，与自然共存，创造优美、富有文化内涵而且充满盎然生机的校园环境。

三、开工：建设一个全新的校园

2012 年 4 月 28 日，上海科技大学迎来了建校史上最重要的时刻之一。教育部印发了《教育部关于同意筹建上海科技大学的通知》，批准筹建上海科技大学。上海科技大学由上海市和中国科学院共同领导，由上海市负责管理，学校发展所需经费由上海市统筹安排解决。《通知》要求上海市应尽快落实学校建设经费，抓紧完成学校校园建设，完善各项基本的办学条件。从此，上海科技大学校园基本建设各项工作驶上了高速发展的快车道。

2012 年 7 月 23 日，上海科技大学（筹）向上海市教育委员会上报《关于上海科技大学新建工程项目建议书的请示》，上海科技大学新建工程拟建教学和辅助用房、学生宿舍、教师宿舍等用房 43.78 万平方米，地下建筑 15 万平方米，合计总建筑面积 58.78 万平方米，建设资金申请上海市级财力安排解决。一周之后，上海市教育委员会印发了《上海市教育委员会关于同意上海科技大学建设规模的批复》。9 月 14日，上海科技大学新校区一期工程项目建议书得到上海市发展改革委批复，批复一期工程总建筑面积 58.78 万平方米，总投资 34.79 亿元，由市级建设财力投入。10 月 22 日，上海市政府批准调整园区控制性详规。11 月 26 日，浦东新区规土局印发《关于核发上海科技大学新校区一期工程项目选址意见书的通知》。12 月 24 日，新校区一期工程项目环境影响报告书通过上海市环境保护局审批。12 月 26 日，上海市规土局印发《关于上海科技大学新校区一期建设项目用地预审的批复》，校园一期建设用地通过预审。12 月 27 日，一期工程可行性研究报告得到

2012 年 12 月 28 日上午，上海科技大学举行奠基仪式，上海科技大学校园建设正式启动

上海市发展改革委批复。12 月 28 日，上海市发展改革委批准了学校新建工程节能评估报告书。2012 年 12 月 28 日上午，上海科技大学隆重举行奠基仪式，中国科学院上海分院院长、上海科技大学执委会主席江绵恒，上海市、中国科学院、浦东新区、市教委等领导出席，标志着上海科技大学校园建设正式启动。

在随后的数月中，浦东新区规土局先后核发了校区一期项目建设用地规划许可证、校区一期工程《建筑工程设计方案意见单》。学校完成了分布式能源中心签约，比选确定了一期工程施工总承包商。2013 年 3 月 8 日，上海科技大学校区一期工程项目，列为 2013 年上海市重大工程建设项目。

2013 年 5 月 11 日上午，上海科技大学校园工程开工仪式在建设工地举行，标志着上海科技大学校园建设工程正式进入施工阶段。2013 年 12 月 24 日，《市发展改革委关于中国科学院上海浦东科技园二期项

2013 年 5 月 11 日上午，上海科技大学举行校园工程开工仪式，校园建设工程正式进入施工阶段

目可行性研究报告的批复》，批复二期项目法人为上海科技大学，建筑面积 11.34 万平方米，投资 5.67 亿元，建设资金由市级建设财力安排。为了迎接 2014 年首届本科生入住，两栋本科生宿舍楼率先建成，在 2014 年 9 月竣工验收交付使用。

四、竣工：让蓝图成为现实

上海科技大学校园一期、二期工程建筑总面积 70.50 万平方米，其中地下建筑面积 15.39 万平方米。

2015 年 8 月开始，学术报告厅、H1 和 H2 楼、体育馆、行政中心、公共教学中心、学生宿舍、教授公寓、创管学院、创艺学院、图书馆、食堂、物质学院、信息学院、生命学院等建筑先后竣工验收交付使用。2016 年 8 月 31 日，校园建设工程通过了总体验收，上海科技大学校园基本建成。从 9 月开始，学校各个学院、研究所、管理部门、生活保障支撑部门陆续整体正式迁入校园。

江绵恒校长的办学理念、规划蓝图，历经多年的艰辛工作，原来的乡村农舍、果园稻田变为生机蓬勃、活力四溢的优美校园，永远矗立在浦东张江这块土地上，成为上海科技大学未来创新发展的坚实基础！上海科技大学的老师、学生将代代持续在这个优美校园践行"立志、成才、报国、裕民"之理念，出成果，出人才，报效祖国，回馈社会！

【作者简介】

华仁长，上海科技大学原筹建工作小组副组长，上海科技大学原副校长。

探索书院育人之道

朱志远

在当今高等教育领域，书院作为一种创新的培养模式，正日益受到广泛的关注和认可。作为一所新型研究型大学，上海科技大学早在2013年建校之初，就在学校章程里确立了"学院＋书院"为特色的本科生培养模式，并将书院作为学校实施学生综合素质培养的教育单位。十年来，上海科技大学秉持"立志、成才、报国、裕民"的培养理念，积极践行书院建设，旨在为学生提供更全面、个性化的教育体验，探索现代大学书院育人模式。从最初的一个书院发展到如今的上道、科道、大道三个书院，书院建设的意义不仅在于提供丰富的教育资源，更重要的是培养学生综合素质，促进学生全面发展，使他们在成为从事科学发现、高技术创新与新兴产业创业的拔尖人才的同时，能够为国家和区域经济社会发展服务，为人类文明的进步做出积极贡献。通过书院导师制、书院实践课程、书院空间和丰富多彩的书院文化生活，上科大师生共同参与书院建设，谱写了与学校同发展、共成长的美好篇章。

一、书院导师：温暖的家人

教育家陶行知先生曾说："先生创造学生，学生也创造先生，学生先生合作而创造出值得彼此所崇拜的活动。"教育家梅贻琦先生在《大学一解》中把好的师生关系形容为"从游"，老师如大鱼，学生如小鱼，"大鱼前导，小鱼尾随，是从游也，从游既久，其濡染观摩之效，自不求而至，不为而成。"在上科大书院，书院导师教书育人，"大鱼"和"小鱼"的从游关系体现在价值塑造、知识传授和能力培养等方方面面。从精细化、个性化地为导师组的学生定制选课计划到引导学生探索科研兴趣，从所学单一学科专业到书院内学科交叉的融会贯通，从导师午餐咖啡坐而论道到一起观影、看展、骑行、爬山，书院导师春风化雨般潜移默化地影响着学生，他们不仅是传道授业解惑的教授，是学生乐于交流学习的学长学姐，也是可以交心的朋友。

2020届本科毕业生李紫玥说，与书院导师相处，"既能讨论前沿的科学问题，又可以轻松愉悦地聊聊新闻，唠唠家常"。她至今仍感念来自物质科学与技术学院的书院导师李智教授在她对未来道路迷茫之际，给她的无条件接纳、关心和帮助。那个时候的她还在美国加州大学伯克利分校进行交换学习，"是李智老师隔着时差，耐心地在微信上一字一句地为我答疑解惑。甚至在国内已经深夜的时候，仍不断开解我，指点我。在当时周围的所有人都从好坏利益考虑的时候，只有李智老师问我，'在实验室过得开心吗？'"后来，李智教授更是在她深造求学之际特地为她写了一封长长的推荐信。

信息科学与技术学院邵子瑜教授从2014年开始进入书院，连续担任了六届本科生书院导师，直到2020年底三个书院成立，他受邀进入

书院迎新会导师见面会

科道书院担任 2021 级本科生书院导师。问及担任书院导师的初衷，他引用了克莱儿·麦克福尔在《摆渡人》中的一句话，"每一个镌刻着爱与善意的灵魂，都会成为我们生命中的摆渡人"，他希望自己就是那个摆渡人，学生心中的"大先生"，帮助他们奔赴充满着爱与善意的下一站人生之路。

二、书院实践课程：从学校走向社会

"'你们学好了出来帮我们农村研究点东西嘛！'在和村民的交流中，他们听说我们是科技大学的学生，纷纷向我们反映现在的生产问题。" 2022 届本科毕业生蔡任宇谈起当年去四川攀枝花社会实践的往事依然深有感触，他说，"'为中华之崛起而读书'，他们的期盼我们不应该忘记。"

四川凉山社会实践，师生同劳动

　　和蔡任宇一样，很多同学提起大学期间最难忘的课程，书院社会实践必是其一。作为一门必修课，师生走出校园、走出上海，坐二三十个小时的绿皮火车，走进中国中西部偏远地区，深入田间地头，同吃同住同劳动，去了解国情、体验艰苦，在实践过程中培养起"立志、成才、报国、裕民"的社会责任感和使命感。2021届本科毕业生夏凡和她的小伙伴们，将社会实践与自主创业结合起来，自我补课修读创业、组织管理和市场营销等相关课程，去创业与管理学院寻求教授们的专业指导，共同发起成立了果田科技 Fruitech 公司，用互联网的方式让更多的人看到西部优质的农产品，实现电商扶贫的目的。社会实践让这些从小在城市里长大的学生更加真切地体验农村生活和下地劳作，在逐家逐户的采访面谈中，聆听到村民的喜怒哀乐，理解到他们所想所盼，看到中国广大待发展中农村的缩影。可以说，立志成才从社会实践开始。

如果说社会实践强调仰望星空的同时脚踏实地，读万卷书的同时行万里路，那么书院产业实践则是通过前往各类企业学习调研，引导学生了解国家产业发展战略，体察行业趋势，探索个人发展。2020届本科毕业生王舒然回忆起去安进、诺华等知名生物医药企业进行产业实践的经历，"对于一些价格高昂的药物，医疗体系如何平衡患者与药企双方的利益？新兴的生物医药企业怎样才能实现快速成长，树立核心竞争力？这些亟须探讨的问题，我们并没有从产业实践中得到明确答案，但在未来的职业生涯中，产业实践课程引导我们去持续关注并思考这些问题。"

首届本科毕业生吕文涛，是目前已获得数千万天使投资的岱悟智能科技（上海）有限公司创始人。曾经有人问他，为什么一群上海科技大学的毕业生，放着创业风口不做，却偏偏要在最封闭最传统的产业里搞智能化？对此他坦言，这个"让人出乎意料"的想法源自大一那年暑假的社会实践，"在洛阳废弃的厂房里，我们看到了被信息浪潮所遗忘的世界；我看到了在光鲜亮丽的技术革命背后，还有那么多的行业和那么多的工人，依然期待着新科技带给他们的变革。"要把感触和想法变成现实，走一条别人未曾走过的创新创业之路，面临诸多困难和挑战，需要得到方方面面的支持。在吕文涛看来，学校浓厚的科技创新氛围，"学院＋书院"协同育人培养模式提供的创新创业环境和支持，书院生活中结识的许多有着充分创新思维的志同道合的同学，是他公司创立过程中的重要力量和支撑。"挑战与未来，就是我在上科大的七年学到的最重要的一课。"

三、书院空间：以兴趣集结，坚持心中的微光

每一位有才华、有想法的学生都可以在书院空间找到展现自我的平台。正如2021届本科毕业生王鲁玉所说，音乐是他的精神源泉之一，而音乐社则像是一个志同道合的朋友的根据地。在一轮轮的筹备和宣传后，舞台的灯光亮起，音乐响起，欢呼声此起彼伏，当观众脸上露出笑容时，那种无与伦比的感动将永远留在他的记忆中。

在学生社团缤纷发展的校园，每一天都有许多学生参与社团活动和日常建设，这赋予了学生社团更广泛，也更直接地影响青年思想、构建校园文化的重要作用。一批又一批社团负责同学传承着社团文化与活力，他们在社团中探寻内心的热情，结交了一群志同道合的朋友；他们在社团管理与活动策划组织中锻炼自我，体验沟通与合作的甘苦，收获成长与喜悦。"一个社团要传递给大家的究竟是什么：是团队精神，

管弦乐团演出活动

是众人拾柴火焰高。所有的社团都不是靠一个人成长起来的，每一位有能力、有责任心、愿意付出的同学，都会担任不同的职务，共同运营好一个社团。社团里的同学，永远是活在一个团队中，同甘共苦、一起面对风雨和收获。加入社团，意味着选择了与人合作，只有每个人都具备责任感，合作才能进行。"2021 届本科毕业生李笑风大一时便加入了管弦乐团，从初入社团的萌新成长为带领同学斩获大奖的资深团长，她深知社团的发展和成长离不开成员的凝聚力与合作，并期待着与管弦乐团一同续写更多精彩故事。

"从一无所知到参加比赛，我们在这两个月里付出了许多努力，为了赛艇训练，我们每天凌晨 5 点起床，磨砺了心智，锻炼了身体，也锻炼了自觉性。"赛艇队桨手 2022 届本科毕业生张天翼在比赛结束后有感而发。赛艇运动强身健体、磨炼意志，尤其提升同学们团队合作的精神，是上科大书院的特色体育项目。学生赛艇俱乐部坚持"上下

赛艇俱乐部参加 2022 年苏州河上海赛艇公开赛

求索、科学训练、大显身手、赛出风格、艇立潮头"的精神，在不断取得成绩突破的同时，学生也深切体会到了"团队想搞好，个人担当不能少"的责任意识，展示了学生自信自强、无惧挑战的精神风貌。

　　无论是学生社团还是体育俱乐部，都是书院为学生着力搭建的兴趣栖息地、才艺大舞台和梦想加油站。在书院多样、多元、多彩的空间里，学生以兴趣集结，坚持心中的微光。

四、书院：学生的精神家园

　　图书馆报告厅是书院举办文化活动的既定场地。每当夜幕降临，书院的第二课堂便在这里开始了。灯火通明的报告厅内，一百多位学生坐得满满当当。这次应邀前来的是复旦大学中文系的严锋教授，他和其他嘉宾落座后，开启了"科道雅集"的师生对谈。这是一个普通的夜晚，也是书院生活的日常。

　　承文化之志，创精神家园，精彩纷呈的文化活动是书院在学生课后开辟的第二课堂，也是书院实施综合素质育人的重要阵地之一。上道书院的"上道讲坛"定期邀请院士，为学生搭建与大师、大家定期交流的平台，著名物理学家沈学础院士"一生所愿，为祖国强盛而努力"的心声在讲坛上振聋发聩；科道书院的"科道·博观"系列讲座，让学生了解到更多经典、多元、有价值的文化主题，提升个人审美、修养和谈吐的"软能力"，创意与艺术学院副院长王受之教授在这里带领学生鉴赏 17 世纪的巴洛克音乐，创意与艺术学院胡江副院长在这里揭秘过卢浮宫十大镇馆之宝；大道书院的"大师论道"邀请诺贝尔奖得主，关注前沿科技，今年 ChatGPT 横空出世不久，就登上"大师论道"讲坛，引起全校热议。看大展，观文博，借势上海的优质资源开

创意与艺术学院副院长王受之带领学生领略音乐魅力

展丰富多彩的教育实践活动，奏响"博物育人"的清越之音，已然成为书院育人的又一重要空间和路径。近年来，书院导师带领学生多次走入博物馆、音乐厅、剧院、电影院，与学生在书院育人的沃土里共成长。在上科大的书院里还有一支专兼职结合的心理老师团队，为学生认识自我、探索自我、健康成长提供专业的心理援助。这些有情怀、有高度、有质量的书院文化生活，于润物无声中熏陶着学生的心灵，锻造出书院集体的精神家园。

如果说书院文化生活是丰富思想的引领，那上科大书院的宿舍文化就是多彩火花的碰撞。学生来自不同学院、不同专业，又齐聚同一书院的屋檐下，身份的交织为彼此带来更多交流话题。来到蔡任宇位于9号楼1010的宿舍，门口挂着的国旗是他们宿舍为国庆节设置的传统。往里走，地上摆了一架电子琴，还有琴谱。蔡任宇说，他们会经常来点音乐接龙，一人吹竹笛、一人弹琴、一人唱歌，寝室里有浓郁的音乐氛围。三个来自不同专业的大男孩也会给互相的学习支招：我教你概率论课上用的 Latex 软件写普通物理的助教资料，你借我数学物理方法的专业课参考书……我们分别从原子物理、普通化学、材料科学基础三门不同专业课的角度争论"4s 轨道和 3d 轨道上的电子谁的能量更高"……这类"存异里求同"的三人宿舍组合在书院还有很多。重视学科交叉，推进跨界融合，这样的尝试和践行，每天都在书院的空间发生着。

结　语

从书院建设的起点到如今的蓬勃兴盛，上海科技大学的书院建设已经走过从无到有、从第一阶段到第二阶段的迈进。十年来，书院始终坚持围绕"立德树人"的根本任务，充分发挥书院导师的育人功能，以学生综合素质的全面提高为主要目标，不断演化与创新，为未来的发展铺设了更加广阔的道路。

我们对书院建设怀揣着满腔的期望。我们期待书院导师们的智慧与引导，能够培养出更多具有社会责任感和创新精神的学生；我们期待书院实践类课程的拓展和深化，为学生提供更广阔的实践平台；我们期待学生社团的蓬勃发展，成为学生展示才华和锻炼能力的舞台；我们期待每一个书院都有自身的个性与特色，期待书院文化生活的多彩化和丰富化，让学生在温馨的书院环境中找到归属感和成长的动力。我们相信书院生活将成为学生美好回忆的源泉，激发他们在未来的人生道路上绽放光芒。

探索书院育人之道，我们在路上。

【作者简介】

朱志远，上海科技大学副校长，上海科技大学原党委书记。

上海科技大学与大科学装置

刘　志　丁　浩

　　大科学通常是代表一个国家从事大型科学活动的能力。它具备大使命、大组织、大科学装置三个要素，是一个国家针对国防、生命健康、前沿探索等诸多领域中的重大科学问题，通过大的组织形式，依托大科学装置独一无二的探索能力，来实现国家科学战略的重要途径。它是一个国家综合实力和创新决心的体现。理所当然，大科学和大科学装置对其承载地有很高的要求，其前瞻性规划、人才密度、经济实力和国际化程度在世界各国大科学的发展中起到了至关重要的作用。

　　自中国科学院和上海市政府院市共建，共同打造浦东科技园的大科学设想与规划提出开始，已经过去 20 年的时间。在浦东张江建设大科学装置集群一直是院市合作的核心组成部分。

　　在这片土地上，中国科学院依次建成上海光源（2009 年）、国家蛋白质设施（上海，2015 年）、软 X 射线自由电子激光实验装置（2020 年）等一系列国之重器。从某种意义上说这种大科学的规划与发展催生了上海科技大学的成立，也推动了上海科技大学的发展。同等重要的是，这种自由科学探索精神与大科学背景下异质化科研合作文化的结合，从建校伊始就存在于上海科技大学的基因之中，成为学校独有的标志。

另一方面，上科大这所研究型大学的成立和快速发展，无疑也为张江大科学装置集群的提升发展注入了新的活力。科学装置的发展需要科学、技术和人才的融合与三轮协同驱动。通过这个新形成的校院联合模式，一批新型的大科学装置已经出现在张江的地平线上并逐步建成。我们就在这里一起简单回顾一下这些装置的发展历程。

从上海科技大学建立之日起，学校的创办者就开始布局、谋划和筹建新一代的大科学装置，新一代的光源装置，特别是 X 射线自由电子激光装置，它不仅仅是世界上最亮的 X 射线光源，而且是能够拍摄"分子电影"的摄像机。上科大物质科学与技术学院于 2015 年 5 月建立了光子科学与凝聚态物理研究部，全面启动这方面的人才引进和学生培养工作。而后于 2017 年成立大科学装置发展研究部，加快学院在自由电子激光方面的布局。最终学校于 2020 年 10 月成立了大科学中心（Center for Transformative Science），统筹大科学装置的建设、运行和交叉科学应用。正是这些前瞻性的布局支撑了后续大科学装置的项目申请和建设。

上海科技大学创校团队的进取精神与魄力，高水平、国际化的办学模式以及与中国科学院的科教融合在申请新型大科学装置的过程中也起到了至关重要的催化作用。比如，上海科技大学第一个大科学工程"活细胞成像等线站工程"（即软 X 射线自由电子激光装置线站工程）在最初的立项中，就得益于上海科技大学免疫化学研究所等单位，包括诺贝尔奖得主在内的各位教授的大力支持与积极参与，上科大和上海光源装置建设设计团队把独特的水窗波段的 X 射线自由电子激光装置和活细胞成像等前沿的科学问题结合。经过 2015 年一年的团结协作，终于在 2016 年立项成功，于 2016 年 11 月正式开工建设，上海科技大学团队和上海应用物理研究所（上海高等研究院）团队一起承担起了中国第一台 X 射线自由电子激光装置的建设任务。

经过五年的艰苦努力，上海科技大学和中国科学院上海高等研究院的项目团队密切协作、昼夜调试，于 2021 年 6 月取得了首批相干衍射实验数据。2022 年 1 月 26 日，项目通过项目后评估（暨验收）专家会。伴随着姊妹工程"上海软 X 射线用户工程"于 2022 年竣工并通过验收，中国第一台 X 射线自由电子激光装置建成。上海张江也完成了从同步辐射光源到同步辐射光源＋自由电子激光光源的升级，进入世界先进光子科学中心的行列。

在建设上海软 X 射线自由电子激光装置的同时，上海科技大学、中国科学院上海高等研究院和中国科学院上海光学精密机械研究所三家单位就开始积极筹建上海硬 X 射线自由电子激光装置（SHINE），经过多轮全国用户讨论会和香山会议讨论，最终形成了基于超导直线加速器的高重复频率自由电子激光的方案。SHINE 装置不仅是一台世界上最先进的基于超导直线加速器的高重复频率（高探测效率）硬 X 射线（亚原子分辨率）自由电子激光装置，而且是自由电子激光和一台 100PW 超强超短激光的组合装置。它建成后将是世界上具有鲜明创新特色的最先进的自由电子激光装置，是科学界在基础前沿等科学方向上开疆拓土的破冰船，使我国在光子科学领域居于世界第一阵营。在国家发展和改革委员会、上海市和各参建单位的大力支持下，2017 年 4 月 28 日，国家发展和改革委员会下达《国家发展改革委关于硬 X 射线自由电子激光装置国家重大科技基础设施项目建议书的批复》，立项建议书获批。来自三个单位的立项团队在中国科学院原副院长施尔畏、上海市科创办主任彭崧和上海科技大学原党委书记朱志远的带领下，经过一年的艰苦努力，进一步优化和细化了硬 X 射线自由电子激光装置建设方案，完成了可行性研究报告和初步设计报告，SHINE 项目终于落地上海张江。2018 年 4 月 27 日，作为"十三五"国家重大科技基础设施建设规划率先启动项目，SHINE 项目在上科大校园西侧正式动工，标志着上海建设张江综合性国家科学中心的大科学装置集群进入了一个崭新的阶段。

回首往事，依旧激动不已，感慨万千！一位在斯坦福大学和美国国家实验室工作的资深教授曾经对我说："就像 1905 年是物理学神奇的一年一样，2017 年是自由电子激光神奇的一年，不仅会对中国的科研界产生重要影响，它对世界科研界的影响也是不可估量的"。作为本项目的参与者，我们感同身受，我们感受到国家和上海市对科学的重视，感受到科技决策者的魄力和格局，感受到时代前行的足音，更感受到身上的压力和责任。我们相信当年的创始成员都是带着沉甸甸的使命感和对未来的兴奋投入这项事业中去的。我相信这份宝贵的经验和感受也将融入上科大的文化之中。

一晃五年过去了，在三个参建单位和合作伙伴的通力协作下，400多名员工近 2000 多个日夜的持续推进，张江大科学装置正一步步地发生着令人振奋的变化：新的上海软 X 射线装置已于 2023 年初开始对全世界开放运行，进入科研产出阶段。令人瞩目的 SHINE 项目也攻克了积累不足、疫情、技术封锁等一系列的难关，稳步推进。土建工作已经基本完成，地下隧道全部贯通；实现了超导加速器模组等一系列关键技术的突破；各装置总体已逐步进入工程实施阶段。作为一个世界技术水平领先的工程项目，SHINE 的难度依旧是巨大的。不过五年的艰苦努力，每一个难点和风险点的突破，也坚定了团队成功的信心。特别是在困难中年轻人的成长使得我们充满了对未来的希望。

总结上科大的大科学装置发展的十年，作为建设者和亲历者，我们心中充满了对这个时代和机会的感谢。受益于前辈的远见卓识，上海张江地区 20 多年在大科学装置的不懈努力建设，积累了独一无二的科学探索能力和人才，使得毗邻张江的上海科技大学有了"地利"之先。与此同时，2016 年开始的上海科创中心和张江综合性国家科学中心的建设使得上海科技大学获得了建设"硬 X 射线自由电子激光装置""活细胞成像"等大科学装置的机遇，得"天时"之福。我们的任务就是和团队一起像老一辈光源的创业者一样，一步一个脚印地把装置建好。真正做到核心技术自主，有长期积累突破的定力，真正做到协同异质化合作，不迷恋于以我为主，寻求相互依存。并在这种氛围下，近期"择天下英才而用之"，远期"择天下英才而育之"，形成张江大科学装置的"人和"。

记得江绵恒校长在 2015 年 9 月 18 日学校第二届开学典礼上说过一句话，"我相信这样的事实，年轻教师未来能否成为各自领域的大师，最为关键的是具有强烈的社会责任感和非功利性的价值理念。"如今这句话依然在耳，当年的信仰和锐气是否能继续是上科大和大科学装置建设的成败之关键，也是解决融合"小而精"与"大科学"难题的关键。上海科技大学毕竟就是为了解决科技难题而产生的，我们在这方面已经前行了 10 年，还会有很长的路要走，科学的事情有自己的规律，急不得，需要一步一步积累和提高。

活细胞结构与功能成像等线站工程用户实验大厅

活细胞结构与功能成像等线站工程用户波荡器束线

大科学装置是国家综合科技水平的体现，在这条路上，我们有两点浅显思考：首先，我们需要完成"同质化竞争"思维模式向"异质化合作"思维模式的转变，大科学或大科学装置是一个串联的复杂体系，每一环都同等重要。能主导是很好的，但更多时候，"为我所用"不如"相互依存"重要。其次，大科学装置是最前沿研究、最极限研究手段的"超级平台"，涉及大装置的众多关键技术，必须重视技术范畴的科

项目团队向建党 100 周年献礼活动合影

硬 X 射线自由电子激光装置项目建设启动仪式

建设中的硬 X 射线自由电子激光装置主加速器隧道

技人才培养与成长。

谨以此文致敬老一辈的开拓者、光源建设者和一起建设自由电子激光的伙伴们。

* 活细胞结构与功能成像等线站工程大事记

2016 年 11 月 20 日，在时任国务院副总理刘延东、上海市委书记韩正、上海市市长杨雄等的见证下正式开工建设。

2018 年 11 月 22 日，上海市发展和改革委员会、上海市财政局下达《关于上海科技大学活细胞结构与功能成像等线站工程中期评估的复函》，中期评估获批。

2021 年项目建成，经测试全面达到技术验收指标。4 月 24 日，首次实现自由电子激光放大出光。6 月 21 日，获得首批实验数据。

2022 年 1 月 26 日，项目通过项目后评估（暨验收）。

2022 年 11 月 8 日，上海市发展和改革委员会、上海市财政局下达《关于上海科技大学"活细胞结构与功能成像等线站工程"上海市战略性新兴产业重大项目后评估暨调整的复函》，后评估获批。

2023 年 1 月 1 日，上海软 X 射线自由电子激光装置—活细胞结构与功能成像等线站工程正式开放运行。

* 硬 X 射线自由电子激光装置大事记

2016 年 11 月 14 日，上海市发展与改革委员会委托上海投资咨询公司召开硬 X 射线自由电子激光装置项目预评估专家会议。

2017 年 4 月 28 日，国家发展和改革委员会下达了《国家发展改革委关于硬 X 射线自由电子激光装置国家重大科技基础设施项目建议书的批复》，立项建议书获批。

2017 年 11 月 30 日，上海市市级科技重大专项"硬 X 射线自由电子激光关键技术研发及集成测试"获批实施。

2018 年 4 月 27 日，硬 X 射线自由电子激光装置项目正式开工建设。

2019 年 1 月 30 日，成立中国—德国 X 射线自由电子激光联合实验室。

2019 年 6 月 20 日，一号工作井开挖。

2019 年 10 月 14 日，上海市发展和改革委员会下达《关于"硬 X 射线自由电子激光关键技术研发样机研制及集成测试"市级科技重大专项调整暨工程中期评估的复函》，中期评估获批。

2021 年 1 月 25 日，束线站总体三条光束线方案设计通过国际评审。

2021 年 6 月 30 日，加速器总体首台 1kW@2K 低温制冷机系统通过性能测试和验收。

2022 年 4 月 21 日，加速器总体超导加速模组样机第二次总装顺利完成。

2022 年 6 月 1 日，加速器总体注入器物理、直线加速器物理、束流分配物理、自由电子激光物理方案设计评审。

2022 年 7 月 14 日，极端光物理总体"100PW 激光终端光学系统物理方案设计"通过国际评审。

2022 年 11 月 5 日，束线站总体八个实验站方案设计通过国际评审。

2022 年 12 月 13 日，四号工作井至五号工作井区间东线盾构顺利进洞，实现项目一至五号工作井隧道全线贯通。

2023 年 4 月 20 日，束线站总体电子枪就位至一号井，启动安装与集成。

2023 年 6 月 21 日，极端光物理总体物理实验真空靶室完成落位。

【作者简介】

刘志，上海科技大学副教务长、大科学中心主任、物质科学与技术学院副院长，SHINE 项目副总经理。

丁浩，上海科技大学副校长，SHINE 项目第一副总经理，上海光源项目原副总经理。

探索以学校章程为核心的
现代大学治理结构

吴　强

上海科技大学于酝酿建校伊始，就充分借鉴世界一流大学的办学经验，遵循高水平研究型大学办学规律，积极探索具有鲜明时代特征和中国特色的现代大学制度。经过十年的改革实践和持续精进，上科大逐步形成基于学校《章程》的依法办学、规范统一、分类分层、运行高效的治理结构，有力促进了学校的高效能治理和高质量发展。

一、学校《章程》的制定与修订

大学章程是现代大学制度的核心，是学校依法治校的基本依据。上海市人民政府与中国科学院批准筹建上海科技大学之初，就着手研究学校办学体制、管理机制、机构设置，并研究起草学校《章程》。2011 年 5 月，上海市政府召开专题会，听取上海科技大学筹建工作汇报，决定成立学校筹建工作小组，其主要职责就是起草学校《章程》、制定办学方案、推进基本建设。2012 年 4 月，教育部发文批准上海科技大学筹建，同年 7 月，批准将上科大列为创新型大学改革的试点高校。

在学校筹建工作小组领导下，上海科技大学执行委员会具体实施包括学校《章程》起草在内各项工作。学校《章程》起草组成员由上海市教委、中国科学院上海分院等领导及职能部门负责人、兄弟高校人员等组成。起草组广泛调研、集思广益，先后十易其稿。其间上海市和中科院领导多次听取《章程》起草工作的汇报，并对《章程（草案）》进行逐条讨论审议。2013 年 8 月 30 日，第 15 次上海科技大学执行委员会讨论通过了《章程（草案）》，并上报市教卫工作党委和市教委。2013 年 9 月 30 日，教育部分别致函上海市政府和中国科学院，同意设立上海科技大学，要求"上海科技大学进一步明确学校定位和发展思路，完善学校《章程》，进一步明晰学校内部治理结构、管理体制和运行机制"。10 月 25 日，市教卫工作党委会、市教委审议了学校《章程（草案）》。11 月 2 日，中国科学院党组会听取了学校《章程》起草工作汇报，原则同意《章程》内容。会议要求完善《章程》，进一步健全体制机制，深化科教融合。同期，上海市政府常务会议也听取了上海科技大学治理结构改革工作的汇报，明确上海全力支持上科大治理结构改革。会议要求上科大按照法律法规及学校《章程》的规定，探索教育领域现代管理制度，为其他学校的改革积累经验。11 月 29 日，上海市委常委会审议上海科技大学治理结构改革工作情况的汇报，同意学校治理结构改革方案及学校《章程》。12 月 26 日上海市教委发文核准学校《章程》。12 月 28 日，上海科技大学校务委员会第一届第一次会议听取学校《章程》的说明，要求学校探索教育、科研、创新创业的深度融合，在办学体制、内部决策机制、办学与人才培养模式、人事制度、拨款制度等方面大胆改革创新。

《上海科技大学章程》共十章六十五条。《章程》明确学校办学体制的"三个共同"，即由上海市人民政府、中国科学院共同举办、共同建设、共同管理。这样的新型办学体制能够最大限度地发挥中国科学院和地方政府两个优势、两个积极性，体现了科教相融，建设高水平研究型大学的目标。《章程》对学校管理体制中的举办者、校务委员会、校党委、校长、教授委员会等职责进行了具体规定，明确院市双方通过校务委员会实现对学校的管理，保证上级党委和政府的意志贯彻执行，更有效地贯彻党委领导下的校长负责制。《章程》明确学校致力于培养德才兼备、从事科学研究、技术创新、新兴产业创业与管理的高级人才。突出科教结合，注重学科交叉，建立学研结合机制，强调教学—研究—创新的结合，建立学创结合机制，注重教学—实践—创业的结合。《章程》对学生培养的书院制做了具体规定，明确了"学院＋书院"的协同育人机制。

教育主管部门审核认为，上科大《章程》的制度设计，符合探索现代大学制度和建设世界高水平研究型大学的要求，各项改革探索对于扩大高校办学自主权、完善"党委领导下的校长负责制"、克服高校行政化倾向，建立管办分离、社会参与的办学机制，具有重要意义。

2021年11月教育部下发通知，部署新一轮高等学校章程修订工作，要求各高校根据中央重要精神集中修订重要条文，着力加强党的全面领导，落实立德树人根本任务，凝练办学特色和改革方向，完善自我监督机制。上海市教委也发出通知，要求结合本校实际，坚持"科学性、稳定性、适应性"原则，扎实推进学校《章程》修订工作。根据教育部和上海市要求，学校于2022年1月成立了《章程》修订工作专班，正式启动了学校《章程》修订工作。《章程》修订工作遵循的基本思路，一是确保重大制度设计于法有据，全面贯彻党中央精神、国家法律和上海市委市政府、中国科学院的新要求；二是保留建校以来行之有效的改革实践经验，并将实践探索中成熟的经验和做法充实到《章程》条款中，还要为进一步深化改革探索留出空间；三是保持原有《章程》框架结构和简洁风格，力求做到言简意赅、以简驭繁。

此次《章程》修改的主要内容。一是进一步充实完善关于坚持社会主义办学方向、贯彻党委领导下的校长负责制、加强党的领导和党的建设、思想政治工作等内容；二是进一步明确校务委员会的职责，巩固并深化科教融合、院市合作的办学体制，保证上海市政府和中国科学院作为学校举办者的要求在办学治校的实践中得到有效贯彻落实。明确学校内部管理实行党委领导下的校长负责制；三是补充完善其他重要内容，增加专门条款明确学校的办学定位是"建设一所小规模、高水平、国际化的研究型、创新型大学"。学校的学科布局从原来"以理工科和管理学科为主"，调整为"学校以理、工学科为主，促进医学和人文社会科学学科协调发展"，这就为学校正在建设中的临床医学研究，以及快速发展中的创艺、人文等新学科的高水平发展明确了方向。增加学校坚持招生改革探索的条款，明确学校根据社会需要、办学条件、培养目标和政府核定的办学规模，制定招生方案，确定学生选拔的条件、办法和程序。增加科技创新任务的条款，明确学校坚持面向世界科技前沿、面向经济主战场、面向国家重大需求、面向人民生命健康，融入浦东发展和张江综合性国家科学中心建设，致力原创性、引领性的基础研究和应用研究，促进科技成果转化应用。充实书院职能的条款，明确书院既是对本科生实施综合素质培养的单位，同时在心理辅导和文化建设、体育健康等方面服务研究生职责。调整涉及教职工权利和责任的内容，明确进一步发挥教代会的民主管理作用。

此次学校修订《章程》，分别征询了学校管理部门和院所负责人、教代会代表的意见，重要内容也征询了上级主管部门的意见。校领导会和党委常委会分别专题审核了《章程（修订稿）》。2022 年 10 月 8 日校务委员会审议并通过了学校《章程》修正案。2023 年 8 月，上海市教委正式核准了学校新修订的章程。

二、贯彻依法治校原则，健全学校良规善治体系

上海科技大学建校十年来，坚持把依法治校作为现代大学制度建设的基本遵循。首先必须确立正确的法治观念，一是依法治校所依之"法"，既包括国家法律法规和政府规章，也包括以学校《章程》为核心的规章制度，实现良规善治，坚持依法自主办学，形成自主发展、自我管理、自我约束的内生动力机制；二是依法治校应与改革创新同向同行、相互促进。要贯彻中央精神，把改革与法治视为"鸟之两翼、车之两轮"，坚持在法治下推进改革，在改革中完善法治。上海科技大学的现代大学制度探索，没有现成模式可以照搬移植，必须坚持贯彻党的教育方针、借鉴世界一流大学办学经验和自主创新探索的三者有机统一，慎重、科学制定制度，发挥制度的引领和推动作用。对改革发展急需、条件成熟的事项管理，优先制定规章制度。对尚在改革探索中的事项，先确立底线和程序，留出改革空间，为制定新制度创造条件；三是学校制度建设要坚持以师生发展为中心，着眼提高效率、提升效能、提增效益，防止繁文缛节；四是学校运行既要遵循文本制度，在一些重点领域和风险环节，还应通过信息化技术和流程再造，

实现"制度＋技术"的更规范、更高效率的内部治理。

在学校《章程》的引领下，上科大遵循"党委领导、校长负责、教授治学、民主管理、依法治校"的总要求，建立起具有鲜明上科大特色的现代大学治理结构，学校运行进入法治化轨道，为学校快速发展并跨入"双一流"建设行列提供了强有力的制度保障。遵循学校《章程》，科教融合、院市合作的办学体制得到巩固和完善。学校与中国科学院各研究所强强联手、优势互补，实现资源共享、专家互聘、学生共育、平台共建、科研合作攻关。探索了以干部人事制度改革和综合预算管理为重点的学校内部制度创新，走出了一条激发活力、鼓励创新的新路。学校规章制度逐步完善，特别是完善了教学、科研、学生培养、人事管理、国际交流合作等办学治校的关键领域的制度，以及财务、合同管理、招生、国有资产、招投标与采购等高风险领域的制度。例如，针对学校合同管理审核盖章集中在综合办公室而影响办事效率、工作中先实施后补签合同等问题，2021年学校制定了《上海科技大学合同管理办法》，既明确学校是对外订立合同的唯一主体，又根据提高效率的实际需要新增了5个合同专用章，由归口部门管理使用，同时明令禁止倒签合同等不规范行为。学校建立了信息公开制度，确保制度和权力在阳光下运行，保障师生员工的知情权、参与权、表达权、监督权，提高公共管理的公信力和执行力，面向师生员工发展全过程民主管理。

学校建立起高度扁平化的管理体制，不断优化管理部门设置、职能配置、工作流程，理顺部门职责关系。部门设置实行大部制，形成大部门、大职能、大服务的管理格局，管理机构数只有其他公办高校的一半。例如学校综合办公室集中了通常高校需要多个部门承担的管理职责，每个主管岗位同时承担多项职责。但同时，根据学校实验室数量多、科研安全管理任务繁重的实际，2019年单独设置了"环境安全与健康处"（EHS），这在其他高校是少有的。在二级单位，学校实行学院制，不设系，旨在促进学科交叉融合，提高学生培养的学科知识厚度和宽度。学校的机构及其功能的创新设置，有效防止行政管理资源分散、边界不清、政出多门、推诿扯皮等现象，提高管理效能，降低行政成本，也有效克服高校管理中的官僚主义、形式主义顽症。

2020年学校制定《上海科技大学关于全面推进依法治校实施意见》，从组织领导和制度建设、学法用法工作机制、监督和保障三大方面，明确依法治校的领导体制和管理机制、制度管理、涉法事务管理、内部治理结构、师生合法权益等各项制度规定。学校明确分管法治工作的校领导，在综合办公室设立法务部门及主管岗位，承担学校法律事务和重要制度的合法性、合规性审核。学校聘请资深律师及其团队作为学校法律顾问，为学校开展法律咨询、规章制度及合同审查，对学校业务人员进行法律培训，对师生开展普法宣传，并代表学校承担一系列诉讼、仲裁、调解等涉法事务。

学校坚持法治宣传教育和依法办事相结合。把学习宣传宪法、教育法、民法典等作为法治宣传教育的重点，法治课程纳入思政教育和通识课程体系，新生教育和新教师入职培训加入法治精神、规章制度专题教育。学校与公安机关合作开展防电信诈骗等宣传教育。不定期地组织学校制度宣讲，开展基于纪检监察和审计案例的警示教育。积极探索学校多部门协同参与的争议事项依法依规调解处理机制，信访、申诉等机制逐步完善。对师生的处理处分，坚持教育与惩戒相结合，严格履行程序，做到实体合法合规、程序正当完备。2021年学校顺利通过上海市教委依法治校的评审。

　　面向未来新征程，上科大将在巩固已取得的制度性成果基础上，以贯彻实施《上海科技大学章程》为抓手，按照建设中国特色现代大学制度的要求，完善法人治理结构，健全内部管理体制。建立健全校内规章制度的定期清理机制，及时启动"立、改、废、释"程序，确保学校运行的制度科学、程序正当、过程公开、责任明确。进一步重心下移，底部筑基，打通学校治理在基层一线的"最后一公里"，进一步提高学校治理的科学化、法治化、专业化水平，不断取得学校依法善治的新成绩。

【作者简介】

　　吴强，上海科技大学党委副书记。

十年磨一剑，上科大人力资源工作发展回顾

江　舸

上海科技大学于 2013 年 9 月 30 日正式成立，努力建设和发展成为一所小规模、高水平、国际化的研究型、创新型大学。

学校人力资源建设遵循学校章程，遵循学校办学理念，坚持"重品行、重育人、重学问、重能力、重公认"的选人用人育人标准，以全球视野招募人才，建立高水平、国际化的一流师资队伍。人力资源发展愿景旨在建立一支忠于教育事业、关爱学生、乐于承担立德树人、教书育人光荣职责的师资队伍，以支撑学校的高水平教学、科研工作的开展，实现"小规模、高水平、国际化的研究型、创新型大学"的办学目标。学校积极探索具有中国特色的现代大学人事管理体系，积极务实地在治理架构、人才选拔、人事制度等方面开展一系列改革创新，努力构建适合上海科技大学发展的人事制度体系，建立不同类别人员的分层级、定制化分类管理体系，做好岗位规划，完善薪酬体系及考核激励机制，为中国高等教育事业提供可持续、可推广的经验。

历经十载发展，学校教职工总数达到 1522 人，其中常任教授 345

人，教学教授 31 人，特聘教授序列教师 289 人，专职科研人员 321 人，教学科研辅助人员 298 人，行政管理人员 238 人。学校的十年发展，拥有人才辈出、愿为教书育人和学术探索的师资队伍。目前，全职教授有国家级人才项目 13 人，国家级人才（青年）项目 64 人，上海人才项目 191 人次；特聘教授有诺贝尔奖获得者 4 人，美国国家科学院院士 9 人，美国人文与科学院院士 7 人，英国皇家会士 2 人，中国科学院院士 33 人，中国工程院院士 5 人。全校教职员工积极参与学校的创建和发展，为学校的教学、科研和服务贡献自己的智力、能力和努力。

在此，学校谨记和感恩每一位老师的奉献，共同奋斗，共享荣光！

回顾建校十年，选择上海科技大学的老师，都有很多值得纪念的故事，让我们一起来怀念那些璀璨的高光时刻。

一、五重原则

建校初期，时任上海科技大学副校长华仁长首先提出了四重，即"重品行、重学问、重能力、重公认"，将重品行放在了学校选人用人的首位，以德为先。后经校务委员会主任徐匡迪提议，学校还是个教书育人的地方，要增加"重育人"，这样就形成并确立了上科大选人用人的标准——"重品行、重育人、重学问、重能力、重公认"。

五重原则奠定了学校人力资源建设的基础，不期而遇契合了当下人才评价"破四唯"，率先立下了我校的引才鉴才的"五重"新标。

二、常任教授晋升制度

2015 年 5 月 3—9 日，上海科技大学一行 6 人在华仁长的带领下，分别对美国加州大学伯克利分校、芝加哥大学和耶鲁大学进行正式访问，深入调研了这三所学校在教授招聘、考核和晋升方面的理念与管理办法，特别对美国大学的任期制度进行了详细的了解。随后，将调研的材料及调研报告整理汇编成册供学校制定相关办法参考。学校经过多轮深入探讨与修订，最终于 2015 年 11 月印发了《上海科技大学常任教授任职资格评审暂行办法》的通知。

上海科技大学是国内第一个全面实行常任教授制度（Tenure-track System）的高校，学校坚持全方位育人为根本，结合教学、科研和服务三个方面进行考核。目前已有 76 位教授通过了晋升考核。

三、科学精神引领者：特聘教授

学校在建校初期，引进了一批海外特聘教授，包括诺贝尔奖得主、国外科学院院士等来自世界一流高校和科研机构的大咖级人物，这在当时产生了非常好的人才集聚效应，同时也为年轻的上科大和上科大人注入了丰富的科学能量。

理查德·A. 乐纳（Richard A. Lerner）教授 2012 年正式在上海科技大学组建免疫化学研究所，担任创始所长。此前他在美国斯克利普斯（Scripps）研究所做了二十多年的所长，将斯克利普斯打造成了全球顶级的生物医药研究机构。免疫化学是乐纳教授创立的开创性技术领域，其中在催化抗体技术、组合抗体库技术和 DNA 编码化合物库技术等方面取得了众多突破性成果，代表之一就是全球年销售额 200 多亿美元的"药王"修美乐（Humira）。

乐纳教授希望在上海科技大学这个全新的、带有强烈使命感的中国高校里，培育一所抗体领域的"贝尔实验室"，为此邀请了多位国际知名的学者专家领衔组建实验室，构建系统完整的免疫化学研究体系。同时他将抗体的核心概念融入了研究所的各种形象设计中，例如研究所英文名字缩写 SIAIS（Shanghai Institute for Advanced Immunochemical Studies）和抗体一样是一个对称结构；研究所所徽是一个斑马纹图案，和抗体一样具有无穷的多样性；研究所大楼的俯视结构，是和抗体结构一样的 Y 字形。

乐纳教授极具远见的科学战略和不拘一格的人才培养理念与当时新成立的上海科技大学不谋而合，在他的影响力和号召力下，很快有一批包括诺贝尔奖得主罗杰·D.科恩伯格（Roger D. Kornberg）、詹姆斯·E.罗斯曼（James E. Rothman）等在内的顶级科学家鼎力加盟，同时也吸引了一批青年学者从海外一流科研院所回国加入上科大，这在当时形成了非常好的人才集聚效应，把创新创业文化的萌芽种植在了上科大这片初生土壤上，同时也为上科大在早期招聘宣传以及招生宣传积蓄了非常强的能量。

伊恩·A.威尔逊（Ian A. Wilson）教授 2014 年第一次来到上科大的时候，看到学校接轨世界一流的大型仪器和技术平台惊讶不已："没想到你们已经有了这么先进的设备和平台，这么棒的条件一定能做出世界级的成果"，原计划来帮助上科大发展仪器设备相关技术的伊恩·A.威尔逊教授欣然决定接受特聘教授岗位的邀请，成立研究组开展科研合作，帮助上科大培养学生和青年人才。

伊恩·A.威尔逊教授 2013 年第一次来访上科大，80 岁高龄依然保持着极高的工作热情，源于对上科大的办学理念和学生培养目标的深深认同，不仅亲力亲为连续主办三届国际学术论坛，帮助上科大提高国际声誉和影响力，同时积极为上科大开拓学生国际夏令营项目，并亲自带队指导实践活动："我要用好生命的每一天帮助年轻人们做点事情"，他的工作热情和专业程度震撼着上科大的师生们。

雷蒙德·史蒂文斯（Raymond Stevens）教授是国际知名结构生物学家，于2012年11月加入上海科技大学，并作为iHuman研究所的创始所长，和刘志杰教授一起创建了上海科技大学iHuman研究所。在过去三十年中，雷蒙德·史蒂文斯聚焦于人体生物大分子，尤其是G蛋白偶联受体（G protein-coupled receptor，GPCR）的结构与功能研究，发表高水平研究论文300余篇，在国际顶尖科学期刊，如《细胞》（Cell）、《自然》（Nature）和《科学》（Science）上，累计发表研究论文50余篇，并领导多项上市药物的研发工作。

雷蒙德·史蒂文斯教授来到上海之后，他就被这座城市高速发展的环境和浓厚的科研氛围所吸引，带着他的家人一起来上海生活。后来他受邀加盟上海科技大学，他非常认同上科大的创办理念，于2012年11月20日以创始所长的身份带领一批国际顶尖科学家创建了上海科技大学iHuman研究所。

在上科大最初创建阶段，我们感受到这些顶尖科学家的科研精神和创新理念。

学校感谢海外特聘教授们对上科大的认可和帮助，这些全球顶尖的特聘教授们，是青年学者学习的榜样。

四、常任教授的招聘花絮

2012年10月开始筹划，经过近半年的准备，物质学院第一次海外招聘会于2013年3月16—17日在美国旧金山举行。参加人员有物质学院创始院长杨培东教授，时任副校长龚晋慷教授，斯坦福大学的崔屹教授和鲍哲南教授，加州大学伯克利分校的许婷教授和王枫教授。两天共面试了来自美国的 12 位候选人，最终有 4 位进入二面的环节。同年 4 月安排来校（岳阳路校区）参观交流，江校长亲自听取了他们的科研报告和工作计划，并最终录用。

林柏霖、杨永和薛加民三位教授就是通过这次招聘会吸引来校的，虽然当时还没有实验室、试验设备和学生，但他们从挑战中看到机遇，用时间和行动践行"立志、成才、报国、裕民"。

刘志杰老师是上科大第一位常任教授。在 2013 年 5 月加入上科大之前，他是中国科学院生物物理所的研究员。学校严格执行常任教授制度，对于没有经历过常任考核的教授，一律给予"常任轨"岗位，所以刘老师加入上科大的时候是"常任轨正教授"。加入上科大仅三年时间，刘老师就产出了上科大第一篇《细胞》(Cell)，2017 年又连续两篇《自然》(Nature)，迅速为上海科技大学打响在生命科学领域的品牌。同时刘老师作为 iHuman 的所领导，与雷蒙德·史蒂文斯所长一起，将 iHuman 研究所打造成了 GPCR 研究的国际中心。虽然担任院所领导职务的教授可以豁免教学任务，但刘老师依然承担了研究生结构生物学的课程负责人，并承担了一部分课程内容的教授任务，教学工作得到学生一致好评。在服务工作上，刘老师积极参加学院的师资招聘、研究生招生、学位评估等工作，为学院建设提供大量帮助与支持。刘老师对学院的尽心还体现在他的敬业和奉献精神，他鼓舞了一批年轻教授，是大家心目中的标杆。在很快顺利完成上科大第一例常任教授考核流程后，刘老师晋升为常任正教授，更成为带领 iHuman 研究所，带领上科大 GPCR 研究领域，引领科研成果转化的上科大标杆。

生命学院胡霁教授在谈到选择上科大的心路历程时，这样说道：加入上海科技大学是我人生中最具转折性的决定之一，小规模、高水平、国际化的理念完全契合我对于一个创新型大学的想象。面试过程中，学校学院的行政服务团队也给我留下非常好的印象，我在这里体验到的温暖、热情和团队精神，进一步加强了我确信加入上科大是正确决定的信念。总的来说，加入上海科技大学为我打开了一个充满机会的世界。它提供了我追求热情，挑战知识边界，个人和职业成长的途径。我非常感激能成为这个鼓舞人心、充满活力的社区的一部分。

生命学院沈伟教授：我在加入上科大时，深受江绵恒校长和饶子和老师的启发，他们展现出的诚意和对科教事业的完美规划让我对学校充满信心。尽管当时学校还没有新校园，但每一次与学校的交流都让我感受到这个学校从上到下都充满一种能够崛地而起的信心和决心。这种信心与我内心作为年轻人敢闯敢拼的激情相得益彰，促使我毅然决定加入上科大并在此扎根。自此，我一直保持着年轻人的激情与创新意识，在教学、学生培养、科研等方面不断探索创新，不断超越自我，取得了一定的成绩。与上科大共成长，乐也！福也！

2012 年 10 月，筹建伊始的上海科技大学信息学院开始在信息领域具有广泛影响力的海外平台发布师资招聘广告。同年 12 月，信息学院举办了首届 2012 年国际前沿信息科学技术研讨会（FIST 2012)，并在这次会议上向 59 位演讲嘉宾和到会的一百多位潜在候选人以口头、传单和电子邮件的方式同步发送招聘启事。更为重要的是，在江绵恒校长的主持下，FIST-2012 举办过程中还邀请并建立了信息学院的首届顾问委员会，帮助学院的筹建和人才推荐。信息学院首位入职的常任轨教授周平强老师就是因为 FIST-2012 的演讲嘉宾克里斯·金（Chris Kim）教授的宣传才第一次知道上海科技大学。

信息学院的首轮师资面试举办经过充分的准备和酝酿。在为期 4 个月的简历初筛、1 个月的在线函评、1 次在伯克利和 11 位来自国际著名高校遴选委员的现场会议讨论后，9 位候选人从 166 位申请者中脱颖而出，受邀来沪并于 2013 年 3 月 28—29 日参加现场面试。信息学院首批入职的两位青年学者周平强和梁俊睿，就在这 9 位面试候选人之中。彼时，上科大的校园还是一片空地，现场面试在空地对面的上海高等研究院举行。在"校园参观"环节，师资候选人乘坐着大巴车，望着面前的空地，听信息学院的时任执行院长丁峄教授和时任副院长杨旸教授热情洋溢地描绘上海科技大学的美好蓝图。这是上科大人最初的燃情岁月！

值得一提的是，除了丁院长和杨院长之外，信息学院首轮师资面试还邀请到了马蒂厄·德斯布伦（Mathieu Desbrun）、雷蒙德·杨（Raymond Yeung）等多位国内外资深教授担任现场评委。所有的评委老师都提到了港科大的成功，并期待上科大能重现这种成功。在 2013 年，国内的创新型大学还非常少，上科大先进和国际化的办学理念也对海外学者有极大的吸引力。江绵恒校长、信息学院创始院长王雪红女士和陈文琦顾问在面试后会见了 9 位候选人。多位评委老师和应聘者对面试过程中感受到的上海科技大学从校长、院长到行政人员对学校的热爱和对应聘者的满满诚意印象深刻、赞不绝口。

2013 年 4 月 25 日，信息学院的首批师资录用通知书正式发出。周平强在 2013 年 4 月 27 日就回复接受了聘用，并于 2013 年 7 月 1 日顺利入职。在没有校园、没有大楼、满载建校情怀、处处求贤若渴的初创岁月里，首批入职上科大的教授们，充满着勇气、朝气和心怀"报国裕民"的志气，义无反顾地加入了创业期的上海科技大学！

中国科学院计算技术研究所所长、党委书记陈熙霖教授在 2012 年 12 月 28 日受聘于上海科技大学，是信息学院的首批特聘教授，也是最早一批参与信息学院的师资招聘、招生、教学和研究生培养工作的特聘教授。

时至今日，陈老师仍然记得 2013 年 3 月 28 日第一次参加信息学院师资面试的场景：超过一半的面试评委来自海外名校、逐一定制的评委工作手册和候选人面试手册、妥帖周到的场地周转安排、高效有序的面试服务，这一切让严谨、细致、高效成为上科大带给他的第一印象。此后的一年间，陈熙霖老师作为信息学院首批师资招聘委员会的委员又多次参加了信息学院全职教授的面试，在首批常任教授的招聘中发挥了举足轻重的作用，见证了信息学院常任教授队伍的日渐壮大和信息学院文化的良好传承。

在信息学院首届 2013 级研究生入学时，常任教授只有个位数，首批特聘教授承担了大量的课程教学工作。陈熙霖老师虽然远在北京，还是克服工作的繁忙和种种困难，不辞辛苦每周一次往返京沪，为首届信息学院研究生开设"计算机视觉"课程。期间从未迟到、请假，高质量地保障了信息学院研究生教学工作，敬业精神令人敬佩！在跟陈熙霖老师叙旧时，陈老师表示：有幸在过去十年目睹并参与上科大的建设和发展，并贡献了一点微薄之力，倍感自豪；看到上科大已经成为一所国际化程度很高、特色鲜明的大学，深感欣慰。十年树木，百年树人，道虽长，行则将至，行不辍，未来可期。

这么多故事，汇聚了一个个鲜活的人物，来自五湖四海，在上科大最初的时候，奔赴而来。如今上海科技大学张江校区万物生机勃勃，教室窗明几净，学生孜孜不倦求学，老师教书育人育才，一切都那么富有活力。

让我们共同期待上海科技大学桃李满天下，名师满校园的未来！

【作者简介】

江舸，上海科技大学党委副书记、副校长，曾任上海科技大学人力资源处处长、副教务长。

勇于开拓　追求卓越

杨培东

"勇于开拓，敢为人先，坚持原创，追求卓越！"写下这十六个字的时候，正是上海科技大学初生之时。2013年，由上海市人民政府与中国科学院共同举办、共同建设的上海科技大学正式成立，其中物质科学与技术学院（以下简称物质学院）是学校在成立之时就创建的首批院所。

从学院的路线规划、愿景使命，到人才招募、平台建设，十年间我们在物质学院实现了从无到有，从初创到发展的"万里长征第一步"。

2018年7月，杨培东在上海科技大学与美国化学学会共同举办的"材料科学前沿"全球科技研讨会上致辞

一、建设有特色的学院

当今世界处于百年未有之大变局。重要战略机遇期与重大风险期两种状态并存，光明前景与严峻挑战两种趋势同在，二者同步交织、相互激荡。时代快速发展，经济社会寻求转型，科技迅猛革新，这是研究型、创新型大学的机遇，也是其解决问题、科教创新的使命。十年前，江校长委托我帮助建设上科大物质学院的重任，上科大区别于普通的综合型大学，成为一所类似于加州理工大学的小规模、高水平、国际化的研究型、创新型大学的建校目标深深地吸引了我。

物质学院没有设立传统的物理、化学、材料系，而是设立了相对独立的几大科学研究部，以便于更好地贯彻"交叉学科"理念。这样的架构设置能够促进学科之间的互相借鉴和交流，从而推动学科的发展和进步、融合和创新。

在师资建设方面，上科大采用"常任轨"（Tenure-track System）人事制度。学院在国际著名大学中公开招聘知名学者和优秀青年学者。为了更好地招募顶尖人才，学院在建院之初就成立了由多名顶尖材料学家组成的国际科学顾问委员会，委员们具有提名可能的人选，并向学院建议前沿科研方向的责任。最终招募的首批学者都非常有才华，不仅拥有开阔的科研视野，前沿的研究方向，还保持了很好的多样性。不仅如此，雄厚的师资队伍中还有从中国科学院以及海外著名高校聘请的，承担教学及研究生指导工作的优秀的特聘教授。

在科研平台建设方面，物质学院创立之初就对标世界一流平台，建设高水平的电镜中心、微纳加工平台、分析测试中心、拓扑物理实验室等集科研、教学功能于一身的开放共享平台。在地理位置方面，学院具有得天独厚的地理优势。上科大毗邻位于上海浦东的张江科创中心，是上海科创中心建设的重要力量。上科大牵头或参与建设了多个大科学装置项目，这些大科学装置和相关科研平台能够帮助理解材料的性质及其在能源领域的相关应用，有助于物质学院打造世界一流的教学和科研环境。此外，学校周边有一大批中外高科技企业和初创公司，构建了一个"硅谷式"的、从科研创新到应用的输送管道。

　　在国际交流方面，上科大在国际范围内构建了强大的合作网络，与一系列国际知名高校，如加州大学伯克利分校、麻省理工学院、哈佛大学、牛津大学、耶鲁大学等签订了一系列关于学生交流和科研合作的项目。从本科生到博士后，都有机会前往国际一流的学校交流学

2022 年初，杨培东（左三）与正在加州大学伯克利分校交换访学的物质学院本科生亲切交流

习。物质学院作为年轻的学院经历了从无到有，再到有一定的科研成果产出，其毕业生也呈现出高深造率的良好势头。

二、做有辨识度的科研

在我看来，一个科研机构最重要的就是拥有"核心竞争力"，简单来说，就是原创思想，只有当一个科研机构更多地将重心从文章数量转化为开拓性、原创性研究的时候，才有希望从原先的跟随转化成引领角色。

在我读博士期间，碳纳米管和富勒烯是当时的研究热门，研究的人数不胜数。另一个研究方向是纳米线，对比之下，可谓是无人问津。但在我看来，纳米线研究十分有意思，况且与其跟着别人去做，不如坚持自己感兴趣的。于是我就开始夜以继日地钻研。几年后，纳米线意外地也成了研究热门。所以做科研要有独立的思考，做有原创性思想的方向，这在科研道路上是非常关键而需要坚持的一点。

上科大作为一所小规模、高水平、国际化的研究型、创新型大学，物质学院的规划建设也基于这样的特色，自建院以来，物质学院独特的交叉学科建设的目标就时刻激励着我。通过架构设置、人才引进等安排，鼓励着科研人员在学科的交叉建设点上寻找科研的新方向、取得新突破，去解决目前在能源、环境上面临的非常关键的科学问题，推动着"从0到1"的原创研究。随着中国近年来对科研的不断重视，研究资源包括资助和设施等方面的问题也有着大幅改善，这给原创工作的孕育带来了良好的时机。

除了个人方面的原创性研究，年轻科学家在保持独立工作的同时也需要具有合作精神。在我看来，独立与合作并非不可兼容，而是彼此互为前提。独立意味着研究者有某一具体领域的专长，有原创的思想。唯其如此，他们在合作完成的工作中才能体现出独特且不可忽视的贡献。我们的青年科学家应该有探索的自由和敢为人先的勇气。

三、"好奇心、信心、恒心"

原创性思想和成果如同一股清泉，由科研带动教学，科教融合带动学生培养。上科大物质学院自建院以来，始终坚持着教学与科研并重的理念，根据三个新兴交叉学科的发展规律，逐步优化本科生和研究生的课程建设和培养方案，探索独特的人才培养道路，使物质学院成为培养新一代材料、能源、环境、健康科研人才的摇篮。

像石墨烯的发现并获得诺贝尔奖的时候，科学家们只是看到了它有趣的物理性质，而这和它今天在各行各业的应用，并没有直接的关

2018 年 6 月，杨培东（左一）出席物质学院首届本科生毕业庆典并接受毕业生赠礼

系。在我看来科学研究的本色仍应该是好奇心驱动。特别是对于从事原创性基础科研的研究者，不应该过多地考虑"有没有用"以及它未来会是怎样的技术这样的问题。我是非常享受研究的乐趣，在实验室内体验的快乐，每一次对于未知问题的探索，都能让我充满了成就感。如今的青年学生也应该一样，不少学生的知识基础很扎实，但就是缺乏原创性思维。除了环境、老师等外在因素，学生的好奇心、信心、恒心才是关键，只有带着批判性思维多提问、多学习，才能迸发出最重要的原创性思维，对于事物的好奇心正是我们科学探索的原动力。

科研创新是一个考验恒心和定力、戒骄戒躁、突破自我的过程。在科研学习中，探索者会遇到很多难关，很多时候即使去努力了，也可能一无所获。但正所谓星光不问赶路人，岁月不负有心人，只有保持坚定的信心、不懈的恒心，才能攀登科研的高峰。

高校是培育创新型、高素质人才的摇篮。上科大小规模、高水平、国际化的特色给予学生充分的资源和机会，从课堂到实践，多方面培养大学生的科研创新能力。

在未来，物质学院也将进一步明确自身优势，打造核心能力，推动创新型人才、思想和成果的聚集。在学院完成从无到有的基础上，完成从初创到成熟、从简单到完善的转变。发扬我们"勇于开拓，敢为人先，坚持原创，追求卓越"的精神，启发、教育和培养物质科学领域的创新人才，把上科大物质学院打造成一个在国内具有影响力的物质科学人才与原创成果的基地！

【作者简介】

杨培东，物质科学与技术学院创始院长。

用激情追求梦想

——写在上海科技大学建校十周年之际

林海帆

　　在上海科技大学建校十周年之际，作为生命科学与技术学院的创始院长，回顾这十年里生命学院伴随着这所新型大学从无到有的迅猛发展，我充满喜悦之情。有关学院在人才培养和科学研究等方面的傲人成就想必另有报道，这里我想分享一点鲜为人知的花絮，以飨读者。

　　2013 年 7 月，我受上科大免疫化学研究所所长、世界著名免疫学家理查德·A. 乐纳（Richard A. Lerner）之请，造访正在筹建中的上科大。在与江绵恒校长等校领导的交谈中，我被上科大人的创业精神所感动，也被上科大立志建设一个小规模、高水平、国际化的新型科技大学的景愿所吸引，不久便应邀兼任免疫化学研究所特聘教授。2014 年 4 月，我在耶鲁大学校方的支持下兼任上科大生命科学与技术学院的创始院长。就任第一天，我一跨进岳阳路 319 号 8 号楼的临时校舍，就被大厅里的一幅横幅所吸引，"上海科技大学——梦开始的地方"。

2014 年生命学院首届本科生开学座谈会

这条横幅道出了我对上科大的无限期许。接下去的日子，在校领导的鼎力支持下，我们的努力得到了丰盛的回报。在过去的十年里，生命学院秉承"诚信、爱生、潜心治学，不急功近利、追求原创"的治学理念，以培养生命科学领域国际型创新创业人才为使命，广聘海内外杰出人才，从无到有，迅猛发展，在学科建设、人才培养和科学研究等方面都取得了长足的进步。

十年来，学院积极尝试高等教育新模式，本科生享受学院、书院双轨制通才教育与导师制辅导。他们中的许多人通过"3+1"教育计划到哈佛大学、耶鲁大学、约翰斯·霍普金斯大学等名校就读。我每次回上海或去波士顿、巴尔的摩等地出差时常抽空看望他们，请他们品尝校园之外的美食，也在耶鲁大学招待他们，了解情况。在获知他们表现优秀时，我感到无比欣慰。例如，在约翰斯·霍普金斯大学读博的朱灏龙同学，师从我的博士后导师艾伦·斯普拉德林（Allan Spradling），与我的关系从"院长—本科生"直接拉平为"师兄—师弟"关系。他受到斯普拉德林及其他教授的高度赏识。2016 年以来，以学院本科生为主的上科大学生队每年参加国际 iGEM 大赛，并获得奖项。本科生毕业后大多选择在国内外顶尖学术机构，如中国科学院、哈佛大学、耶鲁大学、约翰斯·霍普金斯大学、加州大学伯克利分校等继续深造，在人生道路上初试锋芒。

学院研究生则成为科研的主力军。在短短的十年中，已取得许多国际领先的科研成果，在国际顶尖刊物上发表论文。他们毕业后或被国内外一流企业录用，或在国内外一流高校继续深造，每当我回上海或造访他们所在的城市时，就请他们小聚，也请他们到耶鲁大学的家里做客。不少学生也对此充满感情。例如，在波士顿读博与做博后研

2015 年林海帆院长（中）探访本科生宿舍

2020 年赵政东（左一）、王自凤（左二）刚拿到驾照就驱车 4 小时去林海帆院长家

究的王自凤、赵政东夫妻一拿到驾照就开车到耶鲁看望我们，不敢上高速，就沿着小路开，2 小时 20 分的车程硬是开出了 4 个多小时的记录，让我非常感动。自凤被她的导师誉为是带过最好的博士生，政东则在上科大 10 周年之际成为上海交大的博士生导师。我们有太多的好学生、太多的趣事，很遗憾限于篇幅，不能在此一一列举。看到学院的学生们已在国内外各行各业的成绩，我感到无比自豪！

学院的教授更是国际一流的科学家，在神经生物学、结构生物学、基因编辑、分子生物学、细胞生物学、免疫学、遗传学、干细胞与再生医学等领域成果频频。多位教授已崭露头角，成为领域里的领军人物。学院总体科研已达国际先进水平，在国内高校中名列前茅。我记得陈佳教授成为上科大助理教授不久，就在第二代基因编辑技术——碱基编辑中取得重大成就。2017 年碱基编辑被《科学》期刊评为当年的科学突破，2018年《细胞》期刊编辑部邀请陈佳作为三位基因编辑专家之一畅谈领域的前景，他都很开心。但我看到他最开心的时候是2019年他受聘为常任副教授的那一天。当晚我们在教工食堂庆祝，他敬了很多酒，我误以为终于看到了他的酒力，只可惜那天晚上他差一点走不回家，使我认识到他的酒力远比不上他的基因编辑力，而且再次意识到晋升为常任副教授或正教授对每位科学家有多重要。生命学院的池天教授七年磨一剑，这两年的新发现层出不穷，并独创了iMAP镶嵌遗传分析体系。虽然我在任期间每年就去上科大几次，但学院每位教授都给我留下了独特与美好的回忆，很可惜篇幅有限，我不能在此如愿表述。愿他们在科研与育人的道路上永远充满激情，永远幸运、幸福！

　　回首十年来学院与上科大的成长，我为上科大深感欣慰与自豪。

2018年学校教授大会，祝贺林海帆院长入选美国人文与艺术学院院士及美国科学院院士

风云际会，春华秋实，经过十年的磨砺，上科大将进一步蓬勃发展。我祝愿上科大继续励精图治、用行动践行"立志、成才、报国、裕民"的育人理念，用激情追求梦想、用努力谱写崭新篇章！

【作者简介】

林海帆，上海科技大学生命科学与技术学院创始院长。

在实践中学习　在学习中实践

——我与上海科技大学

吴家睿

　　我于 1994 年在瑞士苏黎世联邦理工学院获得博士学位，随后到美国纽约州立大学健康科学中心做博士后，1997 年 10 月回到中国，入职于当时的中国科学院上海生物化学研究所。可以说我这个时候回国是非常幸运的，正好赶上了世纪之交中国科技教育界的大变革、大发展时期。我不仅建立了个人的实验室并开展相关的研究工作，而且有机会直接参与到国内科技教育界的一系列重要活动中，如参与到中国科学院的"知识创新工程"并担任了上海生命科学研究院的副院长；在中国科学技术大学创建了国内首个系统生物学系并担任系主任。在我参与的众多科技教育界活动中，我个人感受最深的是作为执行院长，负责上海科技大学生命科学与技术学院（以下简称生命学院）的筹建工作。面对着许许多多全新的挑战，我一方面在不断地学习，同时也在不断地实践。我很高兴利用这样一个纪念建校十周年的机会把我的感受表达出来。

一、招聘人才与人才招聘

作为一个新的学院，首要的任务就是建设一支高水平的人才队伍。由于上海科技大学是由两家"股东"——上海市政府和中国科学院——筹建的，因此生命学院充分利用这个优势，一开始就从中国科学院下属研究单位邀请了一批优秀的科研人员作为学院的特聘教授。这一策略使得生命学院从 2013 年创立之初就组建了一支由 77 位特聘教授组成的人才队伍，他们分别来自上海生命科学研究院、上海药物研究所、上海高等研究院和生物物理研究所等单位。特聘教授队伍使得生命学院能够迅速地开展科研和教学工作。人们常说"站在巨人的肩膀上"，而生命学院却是把中国科学院生命科学领域的"巨人"直接聘来工作！

虽然"特聘教授"策略解决了生命学院初创之时的需求，但是建设全职的常任教授队伍依然是学院的头等大事。如何让国内外优秀研

2016 年 7 月 20 日，吴家睿院长在教授大会中与特聘教授、常任教授座谈交流

究者关注并申请这样一个全新单位的职位？生命学院一方面按照业界常用的方式通过海内外媒体进行招聘宣传，包括在《自然》(*Nature*)、《科学》(*Science*)和《细胞》(*Cell*)等国际知名期刊登载英文招聘广告，并在科学网、神州学人和人民日报海外版登载中文招聘广告。更值得一提的是，在饶子和院士的指导下，生命学院于2012年6月中旬在中国浦东干部学院以"青年科学家讲习班"这一人才招聘创新形式进行面试招聘；这个讲习班的举办帮助生命学院得以迅速地招聘了多名海外优秀青年人才，并使得上海科技大学和生命学院广为海外华人学者所知悉。

在人才招聘过程中，最具有挑战的是常任教授制度的实施。这项制度是美国大学人才聘用和管理的基本方式，即完成博士后训练的青年科学家最初被大学聘为"助理教授"，通常在其入职6年前后进行晋

2013年2月，吴家睿院长（站立者右二）和饶子和院士（站立者右一）为上海科技大学人才引进在美国8座城市进行座谈和宣讲，这张照片是在耶鲁大学宣讲，另外参加活动的还有雷鸣教授（站立者右三）和林海帆教授（站立者右四）

升考核，通过后晋升为常任副教授；之后还可以进一步晋升为常任正教授。在上海科技大学成立之时，这种制度在国内高校还不流行，国内的科技教育界也不熟悉。但是，上海科技大学领导从建校之初就明确要求，学校的全职教授队伍要按照常任教授制度来建设和管理。生命学院在实施过程中遇到许多困难，流失多位优秀青年科学家。想象一下，一个优秀的博士后 2013 年准备回国找工作，在上海和周边的高水平大学可以直接被聘为正教授，而在刚刚成立的上海科技大学却只能被聘为助理教授，要入职 6 年后通过了晋升考核才能够升为常任副教授。如果是你，会做出什么样的选择？但是，我们坚持下来了，目前生命学院拥有常任教授 9 人、常任副教授 16 人、副教授 5 人、助理教授 46 人！这个数字，还将逐渐增长。今天，常任教授制度在国内高校已经得到了广泛的认可与接受。

二、选择学生与学生选择

一所新学校的成功，不仅要打造出一支优秀的教师队伍，还要能够吸引和培养出优秀的学生。上海科技大学也正是以此为目标而努力的。作为一个新学校，面临的一个巨大挑战就是要在国内高考生源竞争激烈的环境下选择优秀学生。为此，学校从一开始招收本科生就设计了一个重要的环节："校园开放日"——以综合面试为主的多样性活动全面考查考生的综合素质。考生在"校园开放日"综合面试获得的成绩将成为报考上海科技大学时的"加分项"，即学校将考生"校园开放日"的成绩与其高考成绩相加后，与其他报考我校但未获得"校园开放日"成绩的考生共同排序，择优录取。需要指出的是，学校的这一举措不仅是为了吸引考生，而且能够选择出综合素质

2018 年 6 月，吴家睿院长在云南高校咨询会上与学生及家长交流

高的学生而非简单地依靠高考的分数。我与生命学院的老师过去大多没有招本科生的经历，起初还不适应这种"校园开放日"综合面试的方式，但经过学校的培训和自己实践经验的积累，大家很快就掌握方法。而"校园开放日"的这种经历对我之后面试研究生也有着很大的帮助。

　　高考招生不仅仅涉及学校如何选择学生，也涉及学生如何选择学校，而且学生在选择学校时还需要同时确定具体的学院或专业。国内高校在招生时通常对其下属的学院或专业都有预定的招生名额，尤其是学校的那些热门学院或专业都有一定的名额限制。上海科技大学最初招本科生的学院有三个：物质科学与技术学院、生命科学与技术学院、信息科学与技术学院。与多数高校不同的是，学校从招收第一届考生时就明确，三个学院都没有招生名额的限制，即考生只要能够被录取到上海科技大学，想读哪一个学院都不成为问题。这样的做法为考生报考上海科技大学提供了很大的吸引力，他们可以不受限制地报考学校的热门学院；其结果是信息科学与技术学院的学生总数远超其他两个学院。最初我比较担心这样的做法会让报考生命学院的学生数量大为减少。后来我认识到，这种做法不仅为考生提供了一个宽松的选择环境，增大了学校的吸引力，而且能够吸引真心热爱特定学科的考生。更重要的是，这种做法"倒逼"学院，每一个学院都要尽力办好，办出特色，以提升对考生的吸引力。当然，考生最初的专业选择不一定都是他们自己认识清楚的，可能存在着一定的盲目性。为此，上海科技大学规定，学生在入学后的前两年内能够申请改换专业。这一规定又进一步为学生选择适合自己的专业提供了有力的保证。在 10年里，平均每年进入生命学院的学生数量基本保持在学校当年招生人数的 20% 左右。

新学校获得好的生源仅仅是"万里长征的第一步"，如何把在校的学生培养好才是新学校面临的真正挑战。上海科技大学对此也交出了一份独特的答卷：学校提出本科生教育要体现素质教育理念，强调通识教育和专业教育相互融合，确定了"宽口径、厚基础、复合型、交叉型"的培养原则。换句话说，生命学院并不是按照传统的生命科学专业教育模式来制定培养方案和课程设置，而是要作为学校完整的本科生教育框架中的生命科学模块来进行设计和安排，如为全校的学生开设通识教育的跨学科必修课——现代生命科学导论。上海科技大学在成立之初把本科生课程学分比率确定为：50% 的通识教育（公共通识课和跨学科课），50% 的专业教育；但在 2016 年进行调整：专业课程的学分比率下调至 40%，而通识教育课程的比率上调至 53%，并新增

2015 年 5 月，吴家睿院长邀请生命学院第一届本科生参观中科院系统生物学重点实验室，参加以"创新创业，科技惠民"为主题的实验室开放日科普活动

了 7% 的任选课。这种课程结构的调整不仅提升了本科生的素质教育水平，而且进一步优化了本科生选择课程的环境，从而在学校统一的培养原则基础上促进学生的个性化发展。

三、宽松的环境与一流的平台

　　生命学院作为上海科技大学重要的一个院所，按照学校的战略发展思路和总体部署，在 10 年的时间里教学与科研都取得显著的成果，正在向世界一流水平迈进。我有幸作为首任执行院长参与它的创立与发展，亲身经历了建设者面临的挑战和取得成功！在这个过程中，我体会到生命学院这一路的发展离不开它的两个特点：首先是学院形成了一个没有当前科技界那种"KPI"压力的教学与科研环境，为学生和教师的自主选择和自由探索给予尽可能的支持。其次是学院搭建了一个高水平的教学与科研平台，为学生提供优秀教师和高水平课程，为研究人员提供一流的科研条件。基于这样的认识，我相信，上海科技大学和生命学院今后一定会取得更辉煌的成绩！

【作者简介】

吴家睿，上海科技大学生命科学与技术学院原执行院长。

信院十年：学生、教授、制度、文化与未来

虞晶怡

一、一趟旅程

今年是上科大建校十周年，也是我加入上科大八周年。2013 年我在悉尼开 ICCV 大会，在机场遇到了老朋友马毅老师，于是我们便聊了起来。马毅说起自己正帮助筹建上科大信息学院。这引起了我的兴趣，那时我刚获得终身教职不久，和认识的很多老师一样，正在经历"终身教授后焦虑"（"post-tenure crisis"）——人生的下一步该追求什么目标，是学术，是产业，还是其他。更重要的是，我在想上科大会是怎么样一个学校。我们聊了一路，包括各自的人生规划。最后他说，你来看看吧。那时国际环境还比较友好，国际交流也非常便利和频繁，于是我便和上科大有了第一次的接触。

二、初次见面

2014 年，整个上科大还蜗居在岳阳路 8 号楼中。

第一次见到江校长，是在 2014 年的秋天，也是上科大一周年的时

候。那一次他约已经入职的教授讨论课程设置。我那时只是访问，但马毅说你一起去吧，我欣然接受。事实上，我很好奇，这个大学的校长会怎么和教授讨论课程。那一次的讨论非常热烈，大家围绕着到底是学习麻省理工学院的广博课程体系还是加州理工学院的聚焦的体系争论了起来。我便也参与其中，谈了自己在两校的经历体会，想表达的大约是课程的设计要考虑我们要培养什么样的学生。这似乎引起了江校长莫大的兴趣，会后我们还聊了许久。这也是第一次让我开始有了留在上科大的想法。没有想到的是，这一留便是 8 年。

三、学生第一

一个学校的 DNA 由她的学生塑造。初识上科大的人都会好奇，上科大这所实验性的学校会吸引到什么样的学生，我也一样。上科大建校之初没有自己的校园，更不用说厚重的历史传统、丰富多彩的校园活动、广博深入的校友网络，以及最有敲门砖作用的社会知名度和 985 或 211 的头衔。美国西海岸的加州理工学院是我的母校，同样是一所实验性的大学。学生放弃了传统美式综合性大学丰富多彩的生活，选择在加州理工学院的课堂上、实验室里、操场上、花园里以及其他任何可以开展实验的地方，夜以继日地工作，期待有或大或小的发现。与加州理工学院比，上科大的实验性甚至更加深入全面，建设上科大就是一个科学工程。在这所小规模、研究型、创新型的大学里，上科大人不仅在校园的各个角落里做实验、寻找新发现，他们更把实验精神展现在建设上科大校园的方方面面——上科大的每一个学生组织、社团，甚至每一个实验室，都是由上科大学子深度参与，从无到有，从一个到一百个，一砖一瓦建设起来的。比如大家熟知的 Geekpie 社

2018 年，信息学院本科生团队荣获 ASC18 超算竞赛亚军和 e Prize 计算挑战奖

团，帮助定义了信息学子的极客精神——上科大的学生不是继承文化和传统，而是创造文化和传统。

坚持着科学研究的基本方法，秉承着真善美的基本原则，在上科大的建设中、在课堂上的学习中、在实验室的研究中，每一个上科大人也同时不断地审视自我、发现自我、提高自我（必要时坚持自我）。也就是说，在日常的实践中，在宏观、中观、微观三个层面，每一个上科大人都在积极地探索和创造着关于这个世界、学校、自我的真知。

有时我会想，如果我重回 18 岁，上科大这样一所连校园都没有的学校横空出现在我面前，我会不会有我学生的勇气选择上科大。事实上，选择上科大需要的不仅仅是勇气，更是智慧，这包括一个关于未来的想象力和愿景，一套独立的价值判断，一身的决策力和行动力和一个在困难、怀疑、不确定、不完美面前的韧性、定力和耐心。每个人都有好奇心、探索欲，都是天生的创造者、开拓者，都有让这个世界变得更好的本能。上科大的学生更是如此，他们在非常年轻的时候就对人生有独特的想法，并去执行。他们不走寻常路，这令人敬佩。

事实上，这些年来，每当老师在工作上力不从心的时候，正是学生敢想能为的精神频频把我们从困惑疲惫中打捞起来，时刻鞭策和引导我们鼓起勇气继续前进。比如，建院之初，学生无论是申请出国留学还是国内保研都面临很多挑战。海外高校，尤其一些为了简化录取程序设置了优先考虑学校名单的学校。而他们通常对新成立的上海科技大学了解不多。对国内高校来说，上科大既不是985、211，又不是"双一流"，学生进入保研夏令营的机会也比较小。所以教授们决定花大量笔墨在推荐信里仔细说明学校是创新型大学，用中英文双语教学，通过小规模教学培养学生的独立性、批判性和合作能力，学生质量优秀云云。但最初一些对方学校仍不满意，甚至在第一轮初筛，就把上科大的学生排除在外。为此，学院决定为每一位申请海外高校的学生准备一份院长推荐信来介绍学院情况。对国内的高校，我们就逐一向目标学校负责研究生招生的同事介绍。有时候，一次介绍就是一个上午（在此再次感谢国内外友校同事的理解和支持。到现在，向友校同事推介学生已经成为学院老师一有机会就会做的下意识动作，虽然同学们研究素养扎实，学院老师很想把更多的同学留下来）。就这样，情况逐渐出现了转机，逐年变好。学生们非常争气，表现优异。在积极沟通后，有诸如宾大和杜克等美国名校愿意在快速通道招收我们的学生。

然而，第一届毕业生中，虽然有宾大、华盛顿大学的录取通知书，但基本都是硕士，没有太多博士。原因很简单，学校太年轻，在学术声誉上没有太多积累。在这种情况下，学生如果没有太多拿得出手的研究成果或经历，博士申请常常很难通过。那是非常艰难的两年。学院也想了很多招，最后最有效的是回到上科大培养学生的基本理念和方法：让本科生第一时间融入科研，了解科研的 ABC，掌握科研的基本思路和方法，学会沟通、合作，锻炼执行力（做实验、写代码、写作、画图、展示的能力）和诚信，做出拿得出手的成果。

对学生基本科研素养的培养贯穿我们教学和科研的始终。在信息学院，我们引入国际顶尖学校成熟课程体系的同时也尽量把课堂和实验室打通，形成教学和科研的良性循环：课堂的教学和实验室的工作常常是项目制、团队制。老师和同学一道，把课堂上学到的知识、发现的问题带到实验室去验证、去求解，然后再把实验室的新发现、新问题带回到课堂去分享、去讨论。就这样，学生发现问题、阅读文献、设计实验、编写代码、分工协作、总结呈现、沟通合作的能力在教室和实验室，甚至是体育场、食堂的一场场讨论中得到锻炼和提高。这样的培养模式在小规模、研究型的学校实现的可能性更大。就这样，学生在毕业时有了第一篇顶会论文，第一批顶刊（它们的缘起可能只是课堂上的一个小讨论），然后就是第一个卡内基梅隆大学的博士录取通知，第一个加州大学伯克利分校的博士录取通知，第一个斯坦福大学的博士录取通知，第一个麻省理工学院的博士录取通知。

上科大深知，科研需要的基本素养，如发现问题、分析问题、制定研究计划、执行研究计划、沟通合作、保持勤奋和诚信，从而最终解决的基本能力，不仅适用于科研，也适用于创业、就业及面对生活中的各种挑战。近年来，我们毕业生的出路也不再限于读研和就业，越来越多的学生选择自主创业。和论文的发表一样，常常一个创业项目的原点就是课堂上的一个团队作业或是实验室里的一个课题，而创业

2019 年，信息学院顺利完成首次五年国际评估并与国际评审团队合影留念

的团队就是当时课堂上或实验室里磨合过的团队，如获得红衫中国投资的影眸团队。毛钰炜（网名青柑）是信院的一位女性创业者，她创立的 Tiamat（确识科技）旨在方便艺术家快速创作高质量的图片。如今我每次坐地铁都看到申通德高展示她们团队的作品，让我非常感动和自豪。学生思想活跃、紧跟前沿、能想更能做的口碑很快建立起来，投资人常常要到学校看看老师和学生在做什么有趣的项目。

经过十年的努力，学生逐渐认可并自豪自己的信院学子（SISTor）身份：他们是批判性的思想者，是梦想家和实干者，是负责任和有良知的公民。2018 年第一次国际评估，来自加州理工、佐治亚理工、宾夕法尼亚大学、马里兰大学等顶尖高校组成的专家认为学院最大的成绩就是培养了一批独立的、有激情的、有同理心的学生。独立性、激情和同理心是在科研中进行高效分工合作的根本。

四、教授是核心

信院教授团队的特点是年轻、国际化、共参共建。教授是信院的核心。和选择信院的同学一样，选择信院的老师都是有些理想主义情结的敢想能为的勇者和智者。信息方向人才竞争极其激烈。产业界可以开出的薪酬和提供的研究资源，高校及科研院所常常根本无法匹配。信息方向优秀的博士、博士后选择留在高校工作，很多时候靠的是情怀和信念。信院的老师 100% 具有海外留学科研经历，除了去产业界，留在美国或国内其他高校都不会有什么困难。和上科大其他院所一样，信院能够吸引这些教授，我想主要有以下几点：

1. 独立的 PI 制度。和美国的高校一样，在信院，新入职的教授可以迅速组建自己的研究团队，选择自己真正感兴趣的研究课题，相对更自主自由地制定和执行研究计划、分配研究资源，寻求真正志同道合的合作者。在一些较传统的科研院所，你常常需要成为资格更深的教授的团队中的一员，完成分配的科研任务。事实上，除了最初从事学院筹备工作的两三位资历较深的教授，信院在师资招募过程中把更多的注意力放在年轻教授而不是资深教授的招聘上。即使是我以及当时同时入职的另外几位同事，来信院时也只有 30 几岁或仅仅是副教授（而且刚开始我们仅仅是以访问形式参与信院建设）。信息科学日新月异，在尊重人员自由流动的同时，我们更需要招募和尽力保有志同道合的年轻教授以从事最前沿的研究，和他们一起成长，一同在信院培育一个根基深厚的、可以持续下去的互尊互爱、透明公开、可以竞争更可以合作（可以互相支撑互通有无，而不是凭资格互立山头）的健康的科研环境。只有这样，信院才能长久地走下去，而这也是最重要的。

2. 没有头衔和研究经费的压力。信院在招募教授时明确会提供相对充足的启动科研经费，并且在评定常任教授时不把研究经费和头衔的数量和质量作为决定性标准。常任教职评定的核心标准是国际同行的严谨评价。这也是学校在创立最初就确立的政策。为获得某些研究经费或头衔，教授常常需要投入大量的人力和物力在和科研不太相关的活动上，尤其绝大部分教授是海外学历，缺乏国内人脉。早期入职的教授曾尝试申请一些奖项和头衔，学院担心这些在外部的人力物力的投入会侵蚀、破坏在内部好不容易建立起来的以合作互助、诚信公正为主的科研生态。值得注意和肯定的是，近年来在全社会的共同努力下，科研工作者申请研究经费和头衔的大环境在越变越好。信院也不断适时调整政策，参与到把申请环境建设得更好的努力中。比如，过去两三年我们开始鼓励已经获得常任教职的教授（而非所有教授），在不需花费不必要的人力物力的情况下，更加积极地参加科研经费和头衔的申请。我们相信，对学院和社会，这都会是一个有益的尝试。

3. 常任教职评定的核心标准是国际同行评价。随着最早一批青年教授逐渐获得常任教职，信院和学校在过去几年也逐渐建立起一个成熟的常任教职评定体系。这个评定体系包含三个模块：教学、科研和服务（包括师德要求），核心方法和标准是国际同行评价。遵循着划定底线、一事一议的原则，在评定常任教职时，评定委员会组建一个8—10人的国际专家小组。小组成员4人由被评定人推荐，4—6人由评定委员会全球遴选。这8—10人需是被评定人研究领域的知名学者，且与被评定人不能有利益冲突，比如不能是被评定人的导师或合作者。除推荐信，评定委员会向专家小组提出的一系列问题，包括"如果被评定人是您所在研究机构的研究人员，您是否会给被评定人常任教职"。通过学院审核的被评定人会被学校层面的评定委员会再次讨论审核（新教授招聘流程与常任教职评定流程基本一致）。与这个评定方式／标准一起建立起来的制度是教授的年度评价和中期评价（即入职 3 年后的一个综合评价）制度。其评价内容和常任教职评价内容相似，建立这个制度的目的是帮助青年教授入职后逐渐熟悉常任教职评价体系，对自身工作进展有一个较清晰的认识，并对 5—7 年后的去留做出合理的预期和规划。信院在教授团队建设中会明确规避一些可能产生问题的操作，比如避免把本院毕业生直接留在本院任教，以防止学术近亲繁殖。

4. 在公开透明、共参共建、兼顾效率与公平的原则的指导下，在扁平、专业、高效的行政团队的支撑下，实现教授深度参与的学院治理。信院的建设和管理坚持公开透明、共参共建的原则，尽量做到兼顾效率和公平。所有的教授在入职后会被分配到学院的各个委员会，如教学委员会、科研委员会等。这些委员会涉及学院建设和管理的方方面面，而且必须同时包含新老教授。就这样，在新老教授合作管理学院的过程中，新教授可以快速了解学院的方方面面，尤其是学院文化，和早期入职的教授熟识，并在需要时在他们那里寻求指导、帮助和合作。更为重要的是，教授需要知道并看到学院的管理是透明的，每个人都可以诚实地发表自己的意见，而且他们的意见很重要。只有管理透明才能构建信任，才能在资源有限、需要做折中的时候获得大家的合作和谅解，才能尽量做到兼顾效率和公平。在这个过程中，我们希望教授可以认同学院的愿景和使命，视学院发展为己任，了解决策时的种种限制和不得不做的取舍，最终构建一个有同理心的、可以互通有无、可以互相支撑合作、可以共同进步的学院。

五、制度是基石

常任教职评审方法／标准的确立，公开透明、共参共建管理方式的建立，是学院过去五年在制度化方面做出的从无到有的尝试。一套行之有效、稳定、健康的制度是学院运转的根基。没有明确的制度就无法对决策进行有效的监督，也无法对未来的决策做出合理的预期和规划。学院制度化的努力涵盖科研、教学的方方面面，比如争议较大的研究生毕业标准。学院的愿景是给年轻科研人员以充足的自由，以期实现有影响力的科研突破，因此不催促在短期内发表科研成果。这是一个较理想化的愿景。在实践中，从教授角度，常任教职的评定有年限，如果没有适量研究发表，国际同行无法对工作做出客观评价或争议较大，常任教职评定就会出问题。学院不希望因为拿不出有效的同行评价而辞退一批聪慧诚恳勤勉、敢于且能够创新的教授；从学生角度，求职时，好的职位需要毕业生有与之匹配的好的研究经历和能力，已发表的研究成果就是最直接的证明。成文的毕业标准可以限制导师权力滥用；最重要的是，写作、发表是学术训练的必要和重要步骤。尤其是在上科大这种研究型的学校，只有把文章写出来，研究的思路才能捋顺。研究的发表能帮助更好地测试、发挥研究的影响力。研究发表后才能开展后续的一系列学术训练，如在会议、论坛上展示和讨论。事实上，发表阶段性文章有重要的承上启下作用，是对前序工作的总结，更是对后续迭代的开启。信息学科大部分突破性的研究都不是一下子做出的，研究人员需要经常发表阶段性的工作以获得有益反馈，如上一步研究的准确性和价值，下一步研究的可能性、必要性或有效路径。对于一些习惯等待有了大突破才去写文章、去发表的年轻研究者，需要有一个更积极的制度引导他们尽早开始这个过程。写作需要长期锻炼，不是想写时一下就能写好。

需要明确指出的是，这个制度有兜底条款（如何评定未发表的成果），是一个动态的制度。其不足或过时之处（如影响因子的变化）会由各中心教授及时集体讨论并修改。更重要的是，这是一个过渡性的制度，其目的是帮助学院建立一个积极的科研氛围和文化。等这一文化氛围逐渐稳定，这个制度就会退出。

六、文化是灵魂

学院所有制度的建立，如公开透明、共参共建的管理制度，也都是为了帮助建立和加深学院的科研氛围和文化。事实上，这些制度就是行之有效的科研方法在管理上的直接应用。

科研的轮子不需要被重新发明，它有自己的方法及配套的价值观（如诚信、勤勉、多元包容）：其基本方法就是提出一个命题，然后在严谨的实验和批判性建设性的讨论中去验证这个命题。正确的命题我们接受为结论，错误的抛弃，然后吸收经验教训，继续迭代。这是一个建立信任和依赖信任的过程，它对科研人员的诚信提出很高的要求。全部实验过程和数据需要公开、真实。科研人员还需要做到宽容大度（能听得进别人的质疑），有较强的心理承受能力（有勇气直面自己的错误被剖析），保持一个开放的心态（能接受别人提出的替代性的命题和方法），有一个谦逊的态度（能主动寻求帮助合作）。同时，科研人员还需要敢于表达且能够清晰表达（在看到别人错误的时候敢于且能够清晰地指出错误，在有更好的方法时敢于且能够清晰地提出更好的方法）。好的科研人员，当然一定是基础扎实，专业勤勉，在提供帮助时慷慨大方，在获得帮助时懂得感恩。这都是高效团队合作的前提。科研的核心是试错，其过程必然充满不确定、不完美和焦虑，这个过程锻炼信心和耐心。最后科研还需要有底线，需要遵守基本的法律和伦理道德。

说了这么多，并不是说在信院我们都是顶尖的科研人员。好的科研方法、价值观、习惯、态度、能力的获得需要全方位的训练；我们希望科研的精神和文化贯穿学院的方方面面。这正是为什么我们不仅仅在实验室、教室里重复练习科研，我们还把科研的方法运用到学院的管理上，并尽力把科研的精神反映在学院组织的各种活动中。这些年下来，一些活动的举办已经成为学院的传统，比如每年的上海科技大学信息科学与技术学术年会，我们邀请海内外信息领域的顶尖学者共聚上科大（过去几年因为疫情主要是线上），批判性、建设性地讨论重要的学科议题，把最前沿的知识和方法带到学院的老师和同学身边。我们在过去几年也开始举办专门针对年轻学者的青年论坛，学院很多新的教授通过这个论坛招募。

在日常的科研交流方面，在学院行政团队的高效支持下，除了普通的研讨会（seminar），我们在过去两年又推出了卓越讲座系列，希望用更高水准的研讨会来推高学院研究的品位和影响力。在举办比较正式的研讨会、演讲之外，学院每周五下午还会举办教授咖啡时间。教授们挤出时间一起一边喝咖啡或茶，一边在一个相对轻松的氛围中坦诚地讨论最近学院的事务、学科内的重要进展、工作中遇到的共同问题，分享经验和教训，互通有无，以新带老，以老促新。类似的还有每年的教授务虚会，让教授们在暑假里抽出一或两天，一同到一个远离学校的地方，静下心来共同探讨关于学院未来的方方面面。虽然这

2020 年，信息学院组织学院发展探讨会

几年因为疫情暂停了，但我们会尽快恢复。

除了以上，针对女性科研工作者在学习、研究中面对的独特问题和挑战，学院还有专门的服务女性科研人员的组织。我们希望女性科研工作者能够在一个相对安全舒适的环境中讨论一些难题，比如如何面对职场歧视等。她们不定期组织活动，在女性教职工和同学之间进行朋辈辅导，互通有无。学院在过去几年逐步增长了女性科研人员的数量。我们希望在信息学科中，女性的贡献和境遇能够被更多人看到。想要从事信息学科工作的新生代女性能够在信息学院发现她们的榜样。

学院的行政支撑团队也和教授团队一样年轻、高效、有拼劲。例如许多学生活动在她们的支持下也成为学院传统。比如每年冬至前后的"相聚日"（始于 2018 年秋季学期期末的一次午餐聚会，其目的是帮助学生在考试前缓解压力，让学生吐槽学院在科研、教学上的不足。后来，我们开始在这个活动上颁发每年的助教奖等。学院希望通过这个活动建立起师生的归属感、凝聚力，互助互爱，能互相批评也能互相欣赏，一起把学院建得更好）。其次还有在暑假开始前的"夏日信约"活动，主要有各种表演和游戏。希望这个活动在今后可以继续发展壮大。其他的活动还包括教授学生共同参与的各种讲习班，主要讨论如何融入大学生活、如何开展科研等，各种学长学姐主持的留学、保研等讲习班。这些活动的核心都是分享。非常值得指出的是，正如我开篇所讲，信息学院的学生和上科大其他学院的学生一样，都非常敢想能为，有非常强的好奇心、自驱力、执行力。学院非常多的活动由学生主动发起（包括但不限于各种社团活动、各种互助性的学习研讨活动、各种大小竞赛），然后行政层面提供支持。我个人非常喜欢学生组织 inSIST 发起的读诗活动，给了我非常多的感动和灵感。组织这些活动，帮助锻炼了学生的独立性、创新性、奉献合作求同存异的精神、诚信勤勉的态度、同情心同理心、表达沟通的能力、该调和折中时调和折中、该坚持原则底线时坚持原则底线的素养等。这些能力或素养在组织活动、科研、创业、工作上都是相通的，是学院的灵魂，是未来的领导力。

七、向前看

过去十年，信院的发展取得了长足的进步。信院的学生从最初的本科生95人发展到了目前在校的978人，研究生从77人发展到了1211人。教授团队从2013年的2人，增长到2018年（建校五周年）时的47人，再到目前的76人。我们也逐渐有了自己的硕士点、博士点。信息学院的社会知名度和认可度，已经在海内外逐渐打开，我们学生在深造、创业、就业方面的成绩是最好的证明。在深造方面，我们的学生已经收到国际顶尖高校的博士录取，在创业方面，顶级的投资人对我们学生的项目频频出手。最令我感到骄傲的是，信息学院在科研、教学、管理上逐步建立了自己的方法论、价值观、底线和原则（即我们自己的文化）。这是科研工作不确定性中的确定性，是未来发展的保障。这些成绩的取得离不开学校领导层的全力引导，学院行政、教辅团队的通力配合（学院教学科研工作的平稳运行依赖于行政、教辅团队的辛勤付出。他们展现出高度的专业精神——诚恳、勤勉、热情、友爱，和学生、教授一道，组成信院的核心），所有老师学生的努力，以及海内外各界人士机构的无私支持（包括但不限于中国科学院、海内外友校和科研院所、各类 IT 企业及投资人士，以及各级政府），当然还有各位校友及家人。

　　与此同时我们清晰地知道信院的发展还有很多不足。比如，如何在资源有限的前提下（比如博士生名额有限制）保证信息学院下面各个研究方向和中心能均衡、公平地发展，但又要保证学院快速建立自己的突出优势。信息学院和上科大的其他学院一样，在科研发展上坚持多元包容、学科交叉的原则。我们不希望严格的学科分割限制科学的想象力和合作。因此，信息学院下面只有松散组织起来的研究中心（随着信息学院规模不断扩大，在 2018 年后开始设立），而没有传统的计算机科学系或电子工程系。教授可以任意选择和自己研究相关的中心作为立足点，并可灵活跨中心合作。近年来，随着以深度学习为核心的新一代人工智能（AI）技术的爆炸式突破，加速、加深、拓宽 AI 的研究成为行业大趋势。不在这个方向发力的科研院所很可能会逐渐与一线脱节。提高信息学院在 AI 领域研究的速度、深度、广度也是必然，所以我们最近提出了人工智能驱动的科学研究（AI for Sciences）、人工智能与集成电路互相协助（AI for IC 和 IC for AI）等发展策略。但是我们明白，技术的发展有偶然性，保持科研的多样性是学院发展的长久之计。我们必须在加强 AI、IC 等的同时，保证所有其他方向，如安全、系统、通信、机器人、计算数学、智慧能源、智慧医疗等都有充足的能兵强将的储备。

与人才储备相关，随着近些年国际局势和疫情的影响，再加上信息行业国内外竞争的加剧，主要在薪酬、福利、资源支持等方面，我们在人才引进方面，尤其是资历较深的人才的引进方面，面临诸多挑战。他们需要考虑的因素越来越多，因为情况越来越复杂。

因为同样的原因，国际交流也变得很难。不仅各种成本（交通、食宿等）只涨不跌，人们对跨国来往有各种疑虑，很多活动因此只能线上。国际交流对研究，尤其前沿研究至关重要，线上无法替代线下。很多老师、同学需要通过线下面对面交流获得进一步合作、深造的机会。

在学生培养方面，随着学院培养模式的逐渐成熟，越来越多的学生开始顺势而为，卷科研经历、卷 GPA，为留学、保研提早做准备。我们希望能引导他们在做这些的时候，不要忘记选择上科大的初心。他们最大的财富是好奇心、同理心、想象力、行动力、合作力；他们有开放的视野、包容的心态；他们勤勉、诚实、善良、友爱；他们拥有让这个世界变得更好的特质。我们的根本任务是识别、培养、呵护、增强这些特质，让他们爱惜这些特质。

一个日益突出的培养挑战是，随着 AI 技术的发展，与之相关的安全、伦理问题让这个世界日益焦虑。信息学院自 2019 年起开始开设面对本科生的信息科学伦理道德课程，目前已有一本教材出版。此课程在国内其他高校少有开设。虽然该课程涵盖信息科技开发和应用的很多方面，如数据收集和隐私保护，但针对 AI 的部分还不是很多很深入。如何在 AI 时代培养有责任心和良心的信息科技从业人员，是我们需要发力的一个方向。

十年转瞬即逝。上科大在过去十年取得的成绩，是群策群力的结果，值得每个上科大人骄傲。过去十年有很多的不完美，未来十年有很多的不确定。我们知道下一个十年，和上一个十年一样，仍会是一个不断试错的过程，但是我们准备好了，因为我们知道我们的使命、愿景、方法论和价值观，我们清楚我们的底线和原则。

【作者简介】

虞晶怡，上海科技大学副教务长，信息科学与技术学院执行院长。

免疫化学研究所 0—1：站在巨人肩膀上的机缘巧合

姜　标

　　免疫化学是免疫学领域最重要的学科之一，并且是抗体学术和制药研究的基石。上海科技大学免疫化学研究所（Shanghai Institute for Advanced Immunochemical Studies，SIAIS）秉承追求卓越和开拓创新的理念，以免疫化学基础理论为核心，专注抗体技术和药物研发，致力于打造生物医药研究领域的"贝尔实验室"，成为一所聚焦原创、面向重大疾病的创新型国际领先生物医药研究机构。

　　免疫化学是当今生命科学研究领域的前沿学科，是带动治疗性抗体等生物医药产业创新与变革的巨大动力。抗体药物研究的最新进展，已经开始应用于治疗多种人类疾病，比如恶性肿瘤、风湿性关节炎和器官移植排斥等疾病。此外，单抗还将应用于各种疾病的个体化治疗以及早期诊断。免疫化学涵盖多种学科，由生物医学、材料学、工程学、信息学等众多领域交叉集成。正因为这个特点，各国政府以及各私立大学和研究机构，都选择建立"高层研究人才密集、学科交叉合作显著、配套技术平台完整、研究方向集中、研究经费充足"的"抗体药物研究机构"，以在这一研究领域的国际竞争中占据领先地位。中国抗体药物的开发及产业化与发达国家还有较大的差距，与世界先进水平相比还存在非常明显的不足。首先是科研经费的投入方面，与发达国家存在很大的差距，制约了研究内容的选择和重大目标的实现；其次是研究与应用呈小型分散，大多数小组只掌握单项技术，资源优势难以整合，没有能力攻克重大战略目标；三是研究基础相对薄弱，对基础理论、核心技术等的原创性研究还远远不够，与发达国家相比差距仍然明显；此外，在政策管理、审批程序、技术标准、伦理准则等方面落后于英、美、澳、德、日等国，使得产品开发与应用评价还不够规范，从而影响抗体药物的研究和应用的持续健康发展，且难以出现重大突破。

抗体作为疾病预防、诊断和治疗的制剂已有上百年的历史。自从1975 年单克隆抗体技术问世，人们制备了各种类型抗原的单克隆抗体，用于医学和生物学的各个领域。治疗性抗体已经成为目前生物技术药物中品种最多，销售额最大的类型，超过促红细胞生成素、胰岛素和干扰素类产品。抗体药物的发展经历了从多克隆抗体到单克隆抗体再到基因工程抗体、抗体偶联药物四个阶段，在前期由于抗体制备技术还不够成熟，抗体产品尚未广泛应用。随着基因工程技术的成熟，单克隆抗体产品进入了高速增长阶段。单克隆抗体药物近年增长迅速，已经成为一个全球销售额突破 400 亿美元的重大产业。

在免疫药物发展日新月异且我国人口健康领域存在重大需求的背景下，我们面临着极大的紧迫性和挑战。面对治疗性免疫药物在全球的蓬勃发展和日益加剧的国际竞争，抓住时机使上海成为生物科技领域的领导者之一变得非常重要。在新型的上海科技大学建设中亟须建立新型研究机构，真正做到"高层研究人才密集，学科交叉合作显著，多种配套技术平台、研究目标明确、研究方向集中、政策支持倾斜、研究经费充沛"。整合力量，集中优势，在免疫药物研究和应用领域使上海发挥在中国乃至世界的领先和主导地位。

机缘巧合，2012年5月8日恰逢美国斯克利普斯（Scripps）研究所前所长理查德·A.乐纳（Richard A. Lerner）在中国访问途经上海。乐纳教授是世界上免疫化学理论学说的创始人之一，美国国家科学院、人文与科学院、瑞典皇家科学院三院院士，1986年至2012年担任斯克利普斯研究所所长长达26年，带领美国斯克利普斯研究所发展为国际公认领先的生物技术研究机构。乐纳教授坚持斯克利普斯研究所科学的最高标准，强调多学科相互交叉来解决科学问题、参与知识的延续，通过教育不断追求卓越的研究，为研究者提供了一个无与伦比的科研环境。

通过几天和乐纳教授的交流，江绵恒校长以极其敏锐的眼光洞察科技前沿，当即就指示建立上海科技大学第一个国际化研究所——免疫化学研究所。在不到四个月的筹备后，就完成了上海高研院6号楼的实验室整修。2012年10月12日，举行了隆重而简朴的揭牌，并聘请理查德·乐纳担任创始所长，中国科学院上海有机化学研究所前所长姜标研究员担任执行所长和美国GSK制药公司杨光博士担任副所长。理查德·乐纳也拥有了中国名字"乐纳"。在乐纳教授的领导下，免疫化学所开始从0—1的建设，一边招聘研究人员，一边绘制免疫化学研究所蓝图，以抗体的形状"Y"为标志建设现在的"人"字楼。

免疫化学研究所高质量发展，首先是要在世界范围内引进年富力

2012 年 10 月 12 日，上海科技大学免疫化学研究所成立，江绵恒（左）向理查德·A.
乐纳教授颁发聘书

强的优秀人才，这也是美国半个多世纪来领先科学技术研究的策略之
一。免疫化学研究作为新型的交叉学科研究领域，更是需要众多不同
研究背景、不同学科和不同专业训练的顶尖人才形成合作研究团队，
在相对有限的空间里交融碰撞，产生原创性的科学设想和理论。乐纳
教授快速集结了一批顶尖的核心海内外团队，包括罗杰·D. 科恩伯格
（Roger D. Kornberg）教授（2006 年诺贝尔化学奖得主，斯坦福大学）、
詹姆斯·E. 罗斯曼（James E. Rothman）教授（2013 年分享诺贝尔生理
学或医学奖，耶鲁大学）、卡洛斯·F. 巴尔巴斯三世（Carlos F. Barbas
III）教授（斯克利普斯）、伊恩·A. 威尔逊（Ian A. Wilson）教授（斯
克利普斯）、萨奇德夫·西杜（Sachdev S. Sidhu）教授（多伦多大学）
以及国内杰出的研究教授于 2013 年落户免疫化学所。至今，免疫化学
研究所已建立 22 个课题组，研究内容涵盖免疫化学、细胞生物学、结

詹姆斯·E.罗斯曼教授（中）参观免疫化学研究所在建科研楼

构生物化学、计算生物学与人工智能四大研究方向。研究所同时建立了先进的核心技术平台，包括整合了高通量筛选、细胞分选和高分辨成像的药物发现平台，基于质谱和组学的分析化学平台，以及致力于生信分析与人工智能的生物医学大数据平台，可以为课题研究提供新颖、关键、完整的解决方案。研究所所有技术平台的大型仪器设备均面向校内外开放共享。

研究所实行了科学顾问理事会指导下的所长负责制，接受研究所科学顾问理事会监督管理。免疫化学研究所科学顾问理事会由上海市政府、中国科学院上海分院、上海科技大学以及国内外著名的抗体工程、生物医学等方面的科学家和企业家组成。江绵恒校长亲自担任理事会的首届理事长，免疫化学研究所创始所长乐纳教授担任常务副理事长。聘请的首届科学顾问理事会成员包括：美国分子科学研究院创始人西德尼·布伦纳（Sydney Brenner）教授（2002年诺贝尔奖得主），剑桥大学三一学院院长格雷格·温特（Gregory Winter）教授（2018 年诺贝尔奖得主），英国糖生物学家牛津大学糖生物学（Glycobiology）研究院院长雷蒙德·A. 德威克（Raymond A. Dwek）教授，BBRC 杂志总编、意大利帕多瓦大学埃内斯托·卡拉福利（Ernesto Carafoli）教授，美国梯瓦（Teva）公司理事会主席菲利普·弗罗斯特（Phillip Frost）博士，瑞士分子生物学家查尔斯·威廉姆斯（Charles Weissmann）教授，中国科学院院士、中国血液学、分子生物学家陈竺教授，中国工程院院士、中国免疫学家曹雪涛教授，中国科学院院士、中国分子生物物理与结构生物学家饶子和教授，中国心血管病专家、北京大学董尔丹教授，中国工程院院士、中国内分泌代谢科专家、上海市第六人民医院院长贾伟平教授，原北京协和医院院长刘谦教授，药明康德新药开发有限公司创始人、企业家李革博士。理事会对免疫化学研究所的研究方向和成果做出的评价，作为衡量免疫化学研究所绩效的重要参考指标。

　　免疫化学研究所注重多学科交叉融合，同时明确研究所的既定方向和目标——将生物技术创新与生物医学研究有机结合，高起点搭建世界一流免疫化学研究设施。经过不断发展，免疫化学研究所逐渐布局了以感染性疾病、神经退行性疾病、癌症与自身免疫性疾病等重大疾病类型为核心的研究领域和科研方向，其中在以抗击结核病和新冠肺炎等传染病为代表的感染性疾病研究领域近年来取得了一系列突破性重大进展，在《细胞》（Cell）、《自然》（Nature）、《科学》（Science）三大期刊发表论文 14 篇并荣获包括年度中国科学十大进展（2021）、中国高等学校十大科技进展（2019）、中国生命科学十大进展（2019、2020、2021）、中国年度重要医学进展（2020、2021）等多项国家级科技奖励。

在提高基础研究水平的同时，免疫化学研究所还注重基础研究和临床应用以及药物研发和医药产业的有机结合，形成"产学研"无缝衔接。目前，研究所已有 29 项授权专利，10 个项目完成转化，其中包括与和径医药、标新生物医药、若弋生物、正序生物等企业共同推进的项目，转化合同金额超过 17 亿元人民币，并获得临床批件（IND）3 项。研究所还成功孵化了 3 家初创企业，其中标新生物医药已完成 Pre-A 轮 1.1 亿元融资；若弋生物已完成天使轮 4800 万元融资。另外，免疫化学研究所与本市多家三甲医院建立了合作关系，全面、深入地开展临床研究与转化医学方面的研究工作。

免疫化学研究所成立以来，就一直和世界一流大学和研究院保持紧密的合作交流关系。这些院校包括美国斯克利普斯研究所、斯坦福大学、加拿大多伦多大学、英国牛津大学和德国马克斯-普朗克研究所（Max Planck Institute）等。研究所定期选派优秀研究人员在这些世界一流学府进行深入的实习和进修，掌握世界最前沿和尖端的科学理念和方法，为研究所跻身世界一流科技研发研究所培养了大批后备人才。此外，研究所创办了免疫化学国际生物论坛、乐纳讲堂（Lerner Symposium）、免疫化学研究所讲座（SIAIS Lecture）、大道兴科等系列品牌学术会议、论坛、讲座，有力促进了研究所与全球学界的合作交流。

上科大免疫化学研究所是以上海经济可持续发展的需求为导向，以增强自主创新能力为基点，以多学科交叉为依托的高技术领域的应用研究与人才培养机构。研究所将发挥中国科学院科技资源优势以及上海的城市综合竞争力优势，携力推进国家创新体系建设，实现重点跨越，为上海率先提高自主创新能力，增强城市国际竞争力发挥科技引领作用。我们有信心经过 5 到 10 年的努力，研究所将在生物技术领域占领重要制高点，成为国内顶尖、国际一流的免疫药物研究机构。免疫化学研究所也将成为基础研究和临床应用相结合、医学研究和生物技术产业相结合的多功能交叉基地，成为"创新型"生物医药产业的研发基地，带动"再生医学"的产业化革命，促进国家经济增长。

【作者简介】

姜标，上海科技大学免疫化学研究所原执行所长。

我在上海科技大学的十年

[美] 罗杰·科恩伯格

  我与上海科技大学的结缘始于其成立之前。已故的免疫化学家理查德·A.乐纳邀请我在免疫化学研究所建立一个实验室。那时我才知道，上海科技大学是由上海市与中国科学院合作创建。江绵恒校长，这所大学的构思和创建者，对这所大学的发展愿景以及他自己的科学才华深深地感染了我。于是，我接受了乐纳教授的提议，在上科大担任特聘教授并在免疫化学研究所建立了自己的研究团队。

  在上科大的校园里，免疫化学研究所所在的建筑是整个校园中极具特色的建筑之一。上科大为研究所的科学家们配置了良好的科研条件，大学校园中完备的生活设施，以及周边先进的科研机构，为我们的工作提供了极大的便利。在随后的几年中，我每次来到免疫化学研究所，都感到它在不断壮大。

  聂焱博士于2015年加入我的团队。作为一名优秀的青年科学家和出色的领导者，他协助我一起管理实验室，从人员招聘到研究方向的各个方面，他都承担了重要的角色。他和我制定了一个促进我在上

罗杰·科恩伯格与团队成员合影（从左至右：王琳、王春年、张贺桥、罗杰·科恩伯格、聂焱、原超、王雁南）

科大实验室和斯坦福实验室密切合作的策略，这被证明是卓有成效的，至今仍为两个实验室所沿用。我们选择挑战结构化学和生物学研究领域的重要问题——真核细胞转录的分子基础，并最终取得了成功。聂焱在语言和外交方面的额外才能得到了学校的认可，并于2021年到学校国际事务处担任领导职务，我为他所取得的成就感到高兴。

在此之后，张贺桥博士接替了聂焱的角色。贺桥是一位很有天赋的年轻科学家，他工作非常出色，为我们的团队带来了巨大的活力和创造力。在他的推动下，我们解决了一些重要的问题，并发表了一些优秀的论文。

我想强调的是，我们所做的一切都是在江绵恒校长的激励和领导下实现的。他对基础科学的倡导和对卓越的承诺是上科大的创校理念，也是保证上科大在未来再攀高峰的基础。

【作者简介】

罗杰·科恩伯格（Roger Kornberg），2006 年诺贝尔化学奖得主，上海科技大学特聘教授。

协同攻关　科技抗疫

——免疫化学研究所抗疫实录

杨海涛

2019 年底暴发的新冠肺炎疫情，造成巨大的人员伤亡和社会经济损失。在这场没有硝烟的战争中，医护人员、科学家、志愿者们在前线奋斗，付出了巨大的努力和牺牲，为人类战胜疫情贡献了自己的力量。上海科技大学免疫化学研究所由饶子和院士和蒋华良院士领衔，联合国内多家单位组成攻关团队。他们凭借以前积累的丰富 SARS 病毒研究经验与基础，在疫情暴发后，全力投入新冠病毒的研究。攻关团队夜以继日地工作，开展针对新冠病毒的结构生物学研究与抗病毒药物研发，为抗击疫情贡献力量。在研究过程中，攻关团队虽然面临着许多困难和挑战。但是，这些困难和挑战并没有阻挡团队前进的步伐。他们通过不懈努力和勇气，在不断攻克困难和挑战的同时，为新冠病毒的基础研究和药物研发提供了重要的支持和贡献。他们在研究中，分别对新冠主蛋白酶（M^{pro}）和 RNA 依赖的 RNA 聚合酶（RdRp）进行深入研究，最终取得一系列重要的研究成果，为疫情的防控提供了宝贵的一手资料，为新冠病毒的药物研发打下了坚实的基础。

一、主蛋白酶研究回顾

主蛋白酶是冠状病毒的关键酶之一，其在新冠病毒的复制中发挥了不可或缺的重要作用。在入侵细胞后，新冠病毒会立即利用细胞内的物质合成自身复制必需的两条超长复制酶多肽（pp1a 和 pp1ab）。这两条复制酶多肽需要被剪切成多个零件（如 RdRp、解旋酶等）；在这个过程中，病毒所编码的主蛋白酶（M^{pro}）起到了精确切割 pp1a 及 pp1ab 的作用，故此其成为了冠状病毒不可或缺的零件之一。

早在 2003 年"非典"暴发之后，饶子和院士便果断促成多方合作组成了一支富有战斗力的"SARS 研究小组"，仅一个月就首次解析出 SARS 冠状病毒蛋白酶的三维结构，在全世界引起轰动，也为抗 SARS 研究奠定了科学基础。就像锁和钥匙的关系，只有清楚地了解了锁的结构才能配制钥匙，即特效药。然而随着"非典"疫情的消失，众人的研究热情逐渐消退，走过时代的风口，关于冠状病毒的结构及药物研究，也进入了没落的"冷板凳"阶段。可是，饶子和课题组仍然坚持着冠状病毒的结构生物学研究以及药物研发，为冠状病毒的下一次出现默默做着准备。

2020 年 1 月初，在哈尔滨召开的学术年会上，饶子和院士研究团队密切关注当时报道的武汉突发疫情。敏锐的直觉告诉他们，这次突发疫情似乎非同小可，于是当即着手准备后续的科学研究。饶子和院士、蒋华良院士等与国内多个单位组成抗疫联合攻关团队。当时正值春节前夕，但同志们都毅然决然地停下回家的脚步，开始一场和昼夜同行的科研攻关。为了节约时间，有同学自告奋勇，不顾被感染的风险前往苏州取回了大家翘首以待的新冠病毒主蛋白酶基因序列。同时为节约重组蛋白表达质粒的运输及测序时间，并为在短时间内获得正确的重组蛋白表达质粒并表达出正确的蛋白，攻关团队同时对几十种单克隆进行了质粒的提取以及蛋白的纯化，可以说，本身就已十分繁

新冠项目研究推进会

新冠攻关团队合影

重的分子克隆及蛋白表达纯化的过程，现在每一步都变成了小小的高通量实验。最终，在测序结果返回的时候，攻关团队已成功获得不同的蛋白样品。在测序结果的帮助下，攻关团队选择了正确的样品，最终获得主蛋白酶与其抑制剂 N3 的复合物晶体，并在上海同步辐射光源完成高分辨率衍射数据的收集。从获得基因样品开始，攻关团队秉烛达旦、与昼夜同行，最终在短短一个星期的时间内便率先在国际上解析了第一个新冠病毒蛋白高分辨率的晶体结构，向世界展示了中国速度。考虑到疫情的严峻以及新药的研发迫切需要高分辨率的结构数据，2020 年 1 月 26 日，研究团队率先在国际上公布了新冠病毒的三维结构原子坐标，这对于全球疫情防控和药物研发具有重要的意义。此后，他们向国内外 300 多家高等院校、科研院所以及药物研发企业分享了新冠病毒蛋白三维结构信息，2 月 5 日，该结构被国际蛋白质数据库公开发布。同时，该结构还被评为 2020 年 2 月国际蛋白质结构数据库的"明星分子"。

在此基础上，研究团队还充分利用上海科技大学完善的高通量药物筛选体系，在一周内便完成了对上万种化合物的药物筛选，最终在老药、临床药物以及天然活性产物中，发现了 30 余种对主蛋白酶有显著抑制作用的先导药物，其中包括依布硒（ebselen）、双硫仑（disulfiram）、卡莫氟（carmofur）等。目前依布硒和双硫仑已被 FDA 批准进入临床 II 期试验。上述研究成果，为迅速开发具有临床潜力的抗新冠肺炎的药物奠定重要基础；同时，该研究成果也发表在《自然》（Nature）上并同时入选了"中国生命科学十大进展"。攻关团队还成功解析了新冠病毒主蛋白酶与抗肿瘤药物卡莫氟的复合物的高分辨率晶体结构，揭示了抗肿瘤药物卡莫氟抑制主蛋白酶的分子机制，这也是被解析的首个新冠病毒蛋白质与"成药"的复合物结构，为后续的药物改造与开发提供了宝贵的信息。

除了利用"老药新用"以在最短时间内发现抗病毒候选药物，攻关团队还致力于研发更有效的具有自主知识产权的新型抗新冠特效药物。2020 年 4 月 22 日，攻关团队在《科学》(*Science*) 上以封面论文报道了基于冠状病毒主蛋白酶三维结构设计的拟肽类化合物 11a 及 11b。这两个化合物在体外均展示出对新冠病毒主蛋白酶的强抑制活性，同时抗病毒活性测试结果表明，化合物 11a 和 11b 都具有优良的抗病毒效果。目前 11a 针对新冠病毒感染的治疗已进入全球临床 II/III 期试验。

二、RdRp 研究回顾

RNA 依赖的 RNA 聚合酶（RdRp）同样也是新冠病毒生命活动的关键酶之一。新型冠状病毒在入侵宿主细胞后，病毒的 RdRp，也被称为第 12 号非结构蛋白（non-structural protein 12，nsp12），能够与其他多个非结构蛋白质组装形成一台高效的 RNA 合成"机器"，完成病毒基因组的转录及复制。RdRp 作为这台转录复制机器的核心部件，是最重要的抗病毒药物靶标之一，破坏其功能预期将能够阻止病毒的复制，最终达到治疗的目的。在新冠疫情暴发后，饶子和院士敏锐地意识到，基于新冠病毒结构的药物设计将会是整个抗疫走向最终胜利的关键。课题组学生在饶院士带领下，全身心投入到新冠病毒结构研究的攻关战斗中，不舍昼夜地进行序列分析、载体构建与表达纯化实验，以最快的速度获得了高纯度的蛋白质样品。考虑到蛋白质较为脆弱且容易变性，在全国各地严防的时间点，也以最快的速度赶乘仅剩的几班飞机将样品统一送至上海科技大学，又经过无数个日夜的尝试与摸索，最终解析了新冠病毒 RNA 依赖 RNA 聚合酶（RdRp）的整体结构，并于 2020 年 4 月 10 日在《科学》（Science）报道了新冠病毒全长 nsp12 与辅因子 nsp7/nsp8 复合物的冷冻电镜结构，本研究首次勾勒出新型冠状病毒"RdRp-nsp7-nsp8"复制机器的内部构造，并为瑞德西韦的效应分子如何精确靶向复制机器的核心元件——病毒 RNA 聚合酶药物的机制提出合理解释，为深入研究新型冠状病毒复制的分子机理奠定重要的理论基础，并为开发抗新冠肺炎的特效药开辟新途径。

　　紧接着，攻关团队又马不停蹄地成功解析聚合酶与辅助因子 RNA 及抗病毒候选药物瑞德西韦复合物的三维结构，揭示新冠病毒聚合酶复合体发挥活性过程中"转位前"和"转位后"两种不同生理状态构象特征，成功阐述瑞德西韦"延迟终止"的抑制机制，为后续的药物改造以及新型抑制剂分子的合理化设计提供了坚实的基础。在此基础上，攻关团队通过核酸分子的优化设计，摸索复合物形成的合适构建条件，成功组装新冠病毒延伸状态下的转录复制复合物，并通过冷冻电镜结构的解析，阐释解旋酶分子如何协同聚合酶完成转录复制和 RNA 合成过程中间状态的分子机制。随后，攻关团队又成功解析加帽过程的关键复合物 cap（0）-RTC 与执行"复制矫正"功能的超级复合体冷冻电镜结构，并在《细胞》（Cell）上发表这一科研成果。揭示新冠病毒独特的"复制矫正"机制，阐明新冠病毒是如何对转录复制过程中的错配核苷酸进行切除校正。该研究成果不仅揭示了新型冠状病毒复制矫正的结构细节，更为开发阻碍病毒逃逸机制的抑制剂提供结构基础。最近，课题组再次于《细胞》（Cell）期刊发表论文，阐明核苷类

攻关团队发表的主要文章（上海科技大学为第一单位或主要贡献单位）

抗病毒药物抑制该过程的分子机制，并提出全新的药物设计机制。这期间，国内不时暴发疫情，我们也偶遇严格防控管理的困难，但是课题组的研发步伐从未停下脚步。正是这份全体师生不畏困难、敢于牺牲、勇于探索的精神，让攻关团队能够完成如此举世瞩目的科学成果。

　　现在，我们终于欣慰地看到新冠疫情迎来拐点，全面抗疫成果显著。回顾过去三年的攻关历程，课题组的每一位成员都为自己能够为新冠药物研发贡献一份力而感到骄傲。我们在全校上下的倾力支持下，国内多家合作单位鼎力协助下，跨过重重困难险阻，终于以最为自豪的科研成果证明了自己。

在面对新型冠状病毒的挑战时，联合攻关团队的科研工作者取得了丰硕的成果，这离不开他们长期以来在冠状病毒领域的不懈探索。攻关团队自2003年"非典"暴发以来一直在冠状病毒研究领域坚守，并成为国际冠状病毒研究领域的"排头兵"。多年来的长期积累为他们在此次新冠疫情科技攻关中奠定重要基础，为新冠病毒的防控提供重要的科学支撑。

同时，上海同步光源等先进基础设施的建立、上海科技大学冷冻电镜等顶尖基础平台的支持，也成为这一系列研究在短时间内获得突破的重要条件。在今后冠状病毒及其突变株的药物开发中，针对主蛋白酶和聚合酶两个核心抗病毒药物靶标的药物发现工作将仍具有重要意义。这将有助于我们在未来的全球公共卫生危机中，发挥更加重要的作用，同时也为人类的健康福祉作出更大的贡献。

【作者简介】

杨海涛，上海科技大学免疫化学研究所执行所长。

iHuman 研究所：大胆挑战跨尺度成像

[美] 雷蒙德·史蒂文斯　刘志杰

一、iHuman 是谁？

iHuman 研究所成立于 2012 年，致力于跨时间和空间尺度（分子、细胞、器官）的整合研究。研究所创始人雷蒙德·史蒂文斯（Raymond Stevens）教授和刘志杰教授在建所之初就意识到，为实现这一雄心勃

2012 年 11 月 20 日，iHuman 研究所揭牌成立

勃的宏伟目标，需要在研究所建立独特的文化——即实验室之间的密切合作，正如近 100 年前于 1925 年 1 月成立的贝尔实验室一样。这一理念也体现在研究所所在的人字楼的设计中，人字楼的实验室和办公室分布在楼的三翼，而人字楼中空的部分就是为了最大限度地实现互动与合作的共享空间。

二、iHuman 从哪里开始？

研究所成立之初，首要任务是从世界顶尖研究机构招募最优秀的教职员工，我们也很荣幸地吸引到了包括 2002 年诺贝尔化学奖获得者库尔特·维特里希（Kurt Wüthrich）教授在内的诸多顶尖科研人员。

研究方向的制定和研究的启动也很重要，因为良好的开端等于成功的一半。彼时，G 蛋白偶联受体（GPCR）已经成为生物学和医学

2013 年 3 月 26 日，上海科技大学聘任 2002 年诺贝尔化学奖获得者库尔特·维特里希
（Kurt Wüthrich）为 iHuman 研究所特聘教授

2014 年 12 月 8 日，iHuman 研究所理事会会议

研究的一个非常重要的研究领域，因为 GPCR 可以通过细胞膜传递信号并调节人体中的许多关键生理事件，但 GPCR 在我国的相关研究才刚刚起步。因此，iHuman 研究所决定在建所初期聚焦 GPCR 研究，并希望通过多个实验室的协同工作及数据整合，在细胞信号转导研究领域率先实现突破。同时，通过构建原子分辨率的细胞信号转导复合体，为实现跨尺度成像的终极目标锻炼团队，积累基础数据。

iHuman 研究所另一重要发展理念是，与上海科技大学各个院所及研究中心以及上海其他科研机构的研究人员密切合作，为上海科创中心的建设贡献力量。过去的十年间，我们已经共同参与并见证张江成为 GPCR 研究和药物发现的高地。同时我们也自豪地看到，iHuman 研究所培养的优秀毕业生和青年科研工作者正在世界各地的顶尖科研机构，如牛津大学、剑桥大学、加州大学旧金山分校、斯克利普斯研究所（The Scripps Research Institute）、哈佛大学、清华大学、北京大学等，从事着前沿的科学研究，并在进一步地践行和传播着合作和整合研究的理念。

三、十年间，iHuman 做了什么？

iHuman 研究所成立十年来，组建起一支高水平的科研团队，目前师生规模约 220 余名。研究所搭建了一系列先进、高效的技术平台，涵盖蛋白质晶体学、冷冻电镜、核磁共振、光学显微镜、超高分辨率显微镜、核磁共振成像和正电子发射型计算机断层显像等领域。实验数据和计算生物学的有机结合，进一步加深了对实验数据的理解和挖掘。

十年来，iHuman 已在细胞信号转导相关蛋白质结构与功能研究、基于结构的药物设计领域，以及重要生命科学基本问题上取得一系列重大突破性成果。尤其在精神类疾病、代谢类疾病以及癌症相关的药物靶点研究上，研究所已有 14 项研究成果发表于国际顶级学术期刊《细胞》(Cell)、《自然》(Nature) 和《科学》(Science)。其中，第一篇于 2016 年发表在《细胞》上的大麻素受体 CB1 与拮抗剂复合物晶体结构的论文，入选 2016 年上海市十大科技事件及该期刊出版社评出的十佳论文，也是中国科学家唯一入选的论文。此外，多课题组合作的"G 蛋白偶联受体结构与功能的系统性研究"项目荣获 2020 年"上海市自然科学奖一等奖"。研究所在结构生物学、神经生物学、蛋白质组学、计算生物学、化学生物学、药物化学等方向也取得一系列高水平研究成果，在国际一流学术期刊发表成果百余篇。

　　研究所在行业引领和技术转移转化方面也成果卓著。 2014 年 10 月，创始所长雷蒙德·史蒂文斯倡导创立 GPCR 研究联盟，该联盟是由国际大型制药企业与顶级科研机构结成的非营利研究机构，致力于推动 GPCR 的科学研究与药物研发。2021 年，研究所科研成果转化里程碑合同金额达 2.5 亿元。

　　在人才培养方面，研究所也是硕果累累，2013 年至今，已培养博士研究生 46 名、硕士研究生 37 名，其中 1 人获中国科学院院长特别奖、9 人获得国家奖学金、7 人获得"上海市优秀毕业生"称号。此外，由于突出的科研和教学贡献，研究所多位教授荣获包括"中华人民共和国国际科学技术合作奖""何梁何利奖""上海市先进工作者""上海市国际科学技术合作奖""上海市白玉兰荣誉奖""上海市领军人

2013 年 12 月 1 日，举办第一届 iHuman Forum。它是研究所自成立以来主办的系列品牌学术会议，旨在展示和讨论结构生物学、神经生物学、化学生物学和计算生物学交叉领域的科学进步和技术发展，促进行业交流与合作。截至 2023 年 6 月，已成功举办 7 届

才""上海市教育系统三八红旗手"等多个奖项。

iHuman 的发展和成果产出也得到其他国际研究机构的关注。2017年 11 月，研究所成立五周年时组织的国际评估，评审专家就对研究所的定位和成果表示高度肯定。iHuman 取得的成绩得益于其独特的发展模式，我们希望 iHuman 的研究所文化、运行模式和目标能够得到进一步的发展和推广。我们希望继续保持领先的发展势头和科研优势，吸纳更多的优秀科技人才，并在未来十年取得更多、更大的进步。更令人兴奋和期待的是，像 ChatGPT 这样的大语言模型的建立有望助力我们更快、更好地实现跨尺度成像的终极目标。

四、未来，iHuman 向哪里去？

展望未来，我们对"跨尺度成像"感到无比兴奋——实现构建原子分辨率的虚拟人体，用于早期诊断及治疗性干预，不仅减少病人的痛苦，也将极大减轻社会医疗保健的财政负担。我们希望带领 iHuman 研究所师生再接再厉，继续提升自身科研创新和转化能力，心系人类健康福祉，努力拼搏，为未来做好准备，为推动生命科学研究迈上新台阶而继续努力奋斗。

【作者简介】

雷蒙德·史蒂文斯（Raymond Stevens），上海科技大学 iHuman 研究所创始所长。

刘志杰，国际欧亚科学院院士，上海科技大学大道书院院长、iHuman 研究所执行所长。

教书育人立志成才　科技创新报国裕民

——我和上海科技大学共成长的心路历程

章跃标

2014 年 9 月 30 日，我从美国加州伯克利大学来到了刚成立一周年的上海科技大学。作为教授候选人，我现场观看首届本科生暨第二届研究生开学典礼，聆听江绵恒校长"未来中国能源的科技创新"主旨演讲。当听到上科大"服务国家经济社会发展战略"的办学使命，以及助力建设中国特色的能源生态系统的蓝图后，我心潮澎湃，下定决心要加入这所新兴的"小规模、高水平、国际化"的研究型、创新型大学。

一、初创时期：天下大事　必作于细

2015 年 1 月 31 日，我还没来得及处理完手头的研究工作便迫不及待启程返回祖国，在从上海高等研究院借来的临时办公室后立刻开展实验室的建设工作。在上海科技大学物质科学与技术学院（以下简称"物质学院"）初创期间，我负责物质学院 2 号楼 5 楼整层化学实验室的装修联系工作，按照国际标准和安全规范，打造多孔框架材料合成实验室，以及建设单晶 X 射线结构和多孔材料气体吸附的表征平台。在实验室的运营和管理上，我也一如既往地严守规章、安全第一，实验室被评为 2018 年度上海市高校治安安全示范点和学校首批"安全环保示范科研实验室"。我也成为学校环境健康安全处的校内专家，并多次参与新 PI 实验室安全入职培训的交流。在物质学院分析测试中心余娜博士和隆柳柳老师的大力协助下，单晶 X 射线结构和多孔材料气体吸附仪器室也成为物质学院分析测试中心的先进表征公共平台，为校内外数百名用户提供了服务。

二、课程育人：教学相长　寓教于乐

在上科大，上课是最基本的任务。对于教学，我们的标准从来不是"能上课"，而是"上好课"。这对于最初只有研究经验的我来说可谓是极具挑战的任务。

让我印象最为深刻的是研究生课程"固体化学"的开设，江校长邀请中国科学院福建物构所的毛江高研究员和罗军华研究员担任课程主讲，安排我担任课程助教。校长亲自和我们研讨教学大纲和教材选用，明确"固体化学"对物质学院研究生教育的重要性，推荐选用赵新华等编著的《固体无机化学基础及新材料的设计合成》和 West 等编著的 *Solid-State Chemistry and Its Applications* 两本教材。

在掌握了基本教学内容后，我慢慢学会了引导学生和课堂互动的方法和技巧，第二年就已经可以独立主讲该课程，并通过课程思政激发他们的好奇心、自信心和恒心。将中华文明史与材料发展史融入教学，激发学生的爱国主义和科学自信心；我通过固体材料在生活、生

2020 年 11 月，章跃标展示埃舍尔大师画作与固体化学课程教学的结合

产中的重要作用，阐述了"为什么要学固体化学？"等核心问题，增强为人民更美好生活而学习的动力。将科学发现中的人和精神结合到知识的讲解中去，大力弘扬老一辈科学家的精神；借用雕塑建筑与名家名画解释科学概念、讲述科学的艺术性，促进学生德智体美劳全面发展。目前，该课程的每年选课人数超过百人，已经开设平行班并启动了慕课的建设。

三、科研育人：不积跬步　无以至千里

最初开始建设实验室时正值校园建设，硬件条件有限，而比实验室建设更为挑战的是建立研究人员的自信心。我经常鼓励学生要大胆思考，深入思考，跳出框框思考。

潜心科研需要志存高远。梁聪聪是第一个报考我课题组的研究生，她从硕士开始就合成了一例高度多孔的新型金属有机框架，但是常规的脱溶剂活化方式并不能得到其真正的气体吸附性能。不断地尝

试与失败让她很是气馁，开始考虑仅仅报道材料结构尽快发表文章。我指导她一边继续探索扩大战果，一边积极尝试解决活化难题。学生大受鼓舞，继续实验将原来的一个例子拓展成十几个结构不同的系列化合物，并随着实验室条件逐渐成熟和采用精细的实验操作成功获得该系列化合物的吸附性能，并打破了甲烷气体存储的世界纪录，在国际顶尖化学杂志《美国化学会志》上发表了课题组第一篇独立通讯论文。

潜心科研需要深挖细作。"科学的本质就是刨根问底！判天地之美、析万物之理。"我的学生魏蕾设计合成了一例具有荧光点亮性能的三维共价有机框架，表现出良好的荧光检测性能。虽然该化合物的结晶性已经非常优化，但是其三维电子衍射数据分辨率并不高，而且其荧光增强的机理也不明确，整个研究工作也陷入了停滞。我鼓励和支持学生与学院内光谱学专家黄逸凡教授、超快光学专家刘伟民教授交流和讨论，从理论计算和超快光谱等方面找线索。最终，对其原料的发光机理进行激光受激拉曼光谱等先进表征和量化计算，揭示了具有分子内振动荧光点亮和给体—受体的电子转移荧光变色机制，为上述体系的研究打开思路。不仅如此，我还鼓励学生搭建装置收集可定量的原位荧光光谱，以及结合三维电子衍射和同步辐射粉末 X 射线衍射的方法，解析了不同蒸汽压力下的晶体结构，而从打通结构转变和荧光响应的定量构效关系，通过合作相关研究最终发表在《自然·通讯》和《物理化学杂志 C》上。

潜心科研需要思维创新。"积累的知识可能会不断贬值，但培养的思维会历久弥新。"我的学生师兆麟专注于气体吸附研究，合成了一系列已知的材料研究其碳捕集性能。经过一番细致的综合表征发现该

2020 年 6 月，章跃标课题组首批博士生毕业合照

类材料具有较好的 CO_2/N_2 选择性吸附性能，但其工作容量并不是新纪录。学生因此苦恼如何将相关的研究结果撰写成文章。我多番鼓励学生并深入探讨，发现这类材料结构虽然已经报道，但是性质研究有待深入。学生前期的研究不仅发现它们耐酸耐碱化学稳定性优越，而且虽然会吸水但是在实际工况下却是选择性吸收 CO_2。于是，我们的关注点从 CO_2/N_2 选择性和工作容量转移，提出了 CO_2/H_2O 动力学选择性反转的新概念，发展了一系列的表征方法学和分子模拟技术定量化和解释这一现象，文章最终发表在国际顶尖化学杂志《美国化学会志》上，随即被 *Chemistry Views* 和 *JACS Editorial* 亮点报道，目前该成果已经是 ESI 高被引论文。

四、实践育人：读万卷书　行万里路

了解国情、体验艰苦。社会实践是上科大书院的特色活动，通过深入基层、农村和经济发展的第一线，帮助学生更多地接触、了解国情社会，更深层次地理解和思考我国发展状况，认识个人发展与国家发展的紧密联系，增强社会责任感与使命感。

2021年7月，我带领28名本科生前往祖国西南边陲小镇——云南云龙县检槽乡开展社会实践，体会脱贫攻坚战成果，了解乡村振兴的民生需求。我们来到中心完全小学开展调研，了解到当地教育资源贫乏、师资力量青黄不接、科研实验无人教授等教育现状后大受震撼。"当看到实验楼上写的'中国梦，我的梦，少年强，则国强'我的内心久久不能平静。这里的孩子也想成为科学家，但是他们并没有接受过从娃娃抓起的科普教育。"我和本科生一起为这里的孩子举办了为期两周的夏令营，教授了英语、语文、天文、地理等丰富多彩的课程，并带领孩子们做科学小实验。我也积极担任上海市青少年科学研究院兼职导师，动员并参与物质学院组织的线上科普讲座；参与上海市青少年科技夏令营，为来自上海的小研究员和新疆克拉玛依高级中学的学生讲解碳捕集科技；主动到甘肃省兰州三十三中、兰州外国语学校、兰化一中等开展科普入校园讲座，为西部地区的孩子点亮科研的一盏灯。

此外，我还多次带领学生前往巴斯夫、索尔维、陶氏、通用电气等国际化工材料领军企业开展产业实践，体验企业文化，了解行业现状和研发需求；我带领学生前往交管部门和尾气催化剂研究所，了解雾霾防护、污染治理和尾气处理等绿色出行相关主题。在实践活动中，我三次被评为产业实践或社会实践"优秀指导教师"。指导多名学生科研实践取得优秀成果，获"挑战杯"上海市大学生课外学术科技作品竞赛一等奖。我还指导学生开办初创公司，调研产业发展趋势，真正了解了行业痛点和产业需求，为创新创业打下坚实的基础，推动科研成果落地转移转化，获创新创业大赛三等奖、二等奖和最具人气奖。

五、思想引领：国际视野　家国情怀

我始终牢记"为党育人、为国育才"的使命，坚决落实"立德树人"的根本任务。2004年12月加入中国共产党后，曾担任研究生党支部副书记和书记。2017年10月起，担任中共上海科技大学物质科学与技术学院教工支部委员会书记；2020年10月起，担任中共上海科技大学物质科学与技术学院总支部委员会书记。2021年11月起，担任上海科技大学第一届党委委员。履职期间，认真学习贯彻习近平新时代中国特色社会主义思想和习近平总书记关于教育的重要论述，带头增强"四个意识"、坚定"四个自信"、做到"两个维护"，忠诚于党和人民的教育事业，全面贯彻党的教育方针。

立德树人要注重理想信念教育。我关心学生的成长成才，关注学生的思想动态，积极参与书院和团委组织的交流活动、学生党支部的组织生活，以及多次参加学院毕业晚会表演，在最美导师评选中人气爆棚，多次被授予"物院歌王"称号。在物质学院2019届毕业颁证仪式上，我作为常任教授代表发言鼓励毕业生"立鸿鹄志、做奋斗人"："正如《毕业歌》写道：'我们今天是桃李芬芳，明天是社会的栋梁'。全球新一轮科技革命和产业变革蓄势待发，中国特色社会主义建设如火如荼，脱贫攻坚仍然任务艰巨、产业的转型升级依然挑战重重、关键技术和核心设备研发仍旧虚席以待。'同学们！同学们！快拿出力量，担负起天下的兴亡！'"。

在学校庆祝新中国成立七十周年升旗仪式上，我对本科生团员进

行爱国主义教育："奋斗在新时代，面对新征程，要坚贞不渝地将科学研究与国家前途、民族命运和人民事业紧紧联系在一起；要扎根中国、奉献社会、永远奋斗，努力成为兼具家国情怀、世界眼光和科学精神的新时代创意、创新和创业人才。"

在上海科技大学2021届毕业典礼，我作为教师代表发言："你们生逢其时，大有可为，必将大有作为。你们既是'实现第一个百年奋斗目标'的亲历者、见证者，更是'实现第二个百年奋斗目标——建设社会主义现代化强国'新征程的生力军、主力军。你们将成为科学探索者、行业引领者、创新创业者，你们将是国家和社会的顶梁柱、脊梁骨。"

我认为教书和育人相统一，引导学习知识的同时，更要锤炼个人品格，努力培养具有中国情怀、国际视野和创新精神，以及德智体美

2021年6月，教师代表章跃标在上海科技大学2021届毕业典礼上发言

劳全面发展的社会主义建设者和接班人。

立德树人更要言传身教、率先垂范。在上海疫情防控期间，我大力弘扬伟大抗疫精神，充分发挥了共产党员的先锋模范作用，做到亮身份、作承诺、见行动。我主动请缨、冲锋在前，承担起物资搬运、保障供餐、发放抗原自测试剂盒等多项繁重的工作，保障校区防疫工作正常有序地开展。我组织教工党员到学生宿舍公寓值班和自愿捐款支持新冠肺炎疫情防控工作。建立"党总支—学生交流群"关心疫情期间学生的所思所想和帮助解决生活困难。我牵头组建教授公寓临时居委会，做好社区精细化管理，做好疫情防控工作，建立单元长联系制度密切联系群众。在最关键时刻筑起了"红色防线"，守护校园家园。

科学其美，在于发现；科研其人，在于坚定。牢记教书育人的初心使命，我将在教学、科研和服务的道路上继续砥砺前行。相聚上科大，师生共成长，十年磨一剑，会当试锋芒。

【作者简介】

章跃标，上海科技大学党委委员，物质科学与技术学院党总支书记。

随遇而安　顺势而为

——我与上海科技大学的七年情缘

寇煦丰

2016 年 2 月 24 日下午 3 点，还在倒时差的我第一次走进还没有正式完工的上科大校园，进入 H2 楼的教室，第一次站上讲台，准备给信息学院 2015 级的研究生上"半导体物理"的第一节课。教室里来了四个学生，气氛稍显凝重，终于有个学生忍不住开口问我："助教，请问上课老师来了吗？"就在那个尴尬的恍惚间，我正式开启了自己在上科大的教师生涯。

一、缘起岳阳路，情定上科大

我与上科大的不期而遇，源自我大学本科同学王浩宇的一则朋友圈。2014 年 9 月底我正好在国内休假，看到了浩宇分享在他朋友圈的两张照片，随口一问才知道是上科大给第一届本科生和第二届研究生举办的开学典礼。简单地交流后，浩宇建议我既然是从上海搭机回洛杉矶，就不如留出一天时间来这所新学校看看。于是，我的上科大人生就在这不经意间被 2014 年 10 月 8 日在岳阳路校区 8 号楼逗留的半日时光所注定：在浩宇的课上接触到了一群求知欲很强的上科大学生，被时任院领导"我要在这里正本清源，好好教书育人，证明上科大是中国教育改革的新希望"这一掷地有声的信念所感动，也了解到包括浩宇在内的第一批优秀创始教授们学成归国、义无反顾地加入上科大信息学院的光辉事迹。我也顺其自然地在回到加州大学洛杉矶分校（UCLA）后，我第一时间准备好申请材料，在周宇老师的帮助下于 2014 年 12 月 16 日完成了线上面试，并在 2015 年 1 月 9 日收到了来自上科大，也是我人生中的第一个工作录用通知书。

那时候我还没有博士毕业，因此在我导师的建议和学校的理解支持下，我决定继续在 UCLA 多留一年，做好从学生到教授身份转变的准备。在接下来的过渡期间，我开始协助导师管理小组的日常工作，指导组里学生的科研，参与项目申请与文书准备，以及协调与各合作课题组的项目推进。同时，我的导师也经常给我"开小灶"，悉心将他 40 多年的从教经验传授于我：比如在学生培养上，他建议不要让学生只在课题组熟悉的"一亩三分地"中耕耘，而要鼓励他们勇于去拓展知识的边界，遇到暂时的挫折和瓶颈时也要给予学生充分的包容与信任；在科研合作方面，他又强调切忌闭门造车、大包大揽，而是要保持开放的态度，与专业的人合作，这样才能站在巨人的肩膀上得到进步。此外，上科大信息学院的领导和同事也与我保持着定期的沟通和交流，帮助我提前熟悉学院的日常运作，实验室方案和设备采购等方面的规划。最终经过了一年的"修练"，我结束了六年半的留学生涯，怀揣着"年少立志出乡关，负笈千里六载还。赤心仍系桑梓地，上帆济海谱新篇"的抱负，于 2016 年 2 月正式回国加入了上海科技大学。

二、随遇而安，乐做学生眼中温暖的发光体

对于理想大学的定义，我母校浙江大学的竺可桢老校长曾经说过"大学教育的目的，绝不仅是造就多少专家如工程师、医生之类，而尤在乎养成公忠坚毅、能担当大任、主持风气、转移国运的领导人才。"同样在 UCLA 的留学期间，我师母最常跟我们提到我的导师这一生最为自豪的是以一个科学家、更是一个教育家的身份培养了 200 多名的优秀学生，推动了整个半导体领域的发展。因此，在我做决定的过程中，上科大最打动我的一点就是"立志、成才、报国、裕民"的办学理念以及将学生培养成才作为教师考核的第一标准。因此，在我成长过程中遇到的各位良师益友的耳濡目染下，成为人民教师后的我自然也就萧规曹随，把教书育人作为我在上科大开展工作的重中之重。稍显遗憾的是，由于我第一学期"半导体物理"课上的四名学生并不是电子专业的科班出身，加之我作为新人授课经验不足，因此我在上科大的教学首秀并不太完美，我得到的最大经验教训就是没有合适的方式方法，光凭一腔热情就想把课上好是远远不够的。

而让我正式上道，开启我"网红"教学事业的转机来自 2016 年暑期面向上科大第一届本科生的产业实践。考虑到学生在大学前两年以接受通识教育为主，还未具体开展集成电路专业课程的学习，我与学生处一起制定针对电子方向学生的具体实践课题内容和教学计划时，决定围绕当前集成电路领域面临的挑战，让学生带着相关问题进行文献调研与企业走访，并将产业实践中凝练出的可行性方案带入之后两年的专业课学习中进行验证。在第一次师生见面会上，我就集成电路的前世今生给学生进行了一次科普讲座，为了活跃现场气氛，我

特意加入了几个段子，并在结束时喊出了"数风流人物，还看上科大"的口号动员学生投入祖国集成电路的建设。出乎我意料的是，这个讲座收获学生的一致好评，大家都对场效应管的发明、仙童半导体的"八叛徒"（the traitorous eight）、Intel 与 AMD 的相爱相杀等"奇闻轶事"津津乐道，并现场开展了热烈的讨论；而我也趁热打铁，让学生以小组竞赛的形式开展随后的调研和实践。最终经过近一个月的学习，学生超额完成了预期任务，我也在被评为"产业实践优秀指导教师"的同时收获了第一波粉丝，在上科大信息学院的学生中树起了口碑。

有了产业实践的成功经验后，我在接下来"数字集成电路 I"的课程教学中再接再厉，针对学生修课想拿高分这一原始需求，建立起多劳多得的评价体系，通过灵活多样的教学形式充分调动他们的内在的积极性：在教学内容上，按照"巩固基础，拓宽专业"的原则，在借鉴加州大学伯克利分校专业课程资料和自己在加州大学洛杉矶分校修读的 EE115C 上课笔记的基础上，凝练出数字集成电路的相关核心基础知识点，结合具体的经典电路模块进行从电路功能实现，到电路功耗延时分析，再到电路性能优化方法的教学。同时在课堂教学安排上，我通过合理设置"进阶知识点"和"扩展章节"，鼓励学生通过课后查阅科研文献的方式对相关电路模块设计优化的最新进展等开放性话题进行深入学习，这样既巩固了学生的基础知识，又培养了学生的自主学习热情与举一反三、触类旁通的学习能力。此外在课程设计环节，我则按照实际 IC 的设计流程规范，明确设计电路需要达到的基础性能指标（大体对标实际应用需求）和可以获得额外加分的电路模块（供学有余力的学生进一步探索），具体的电路架构和实现方案由学生自行

本科生《数字集成电路设计》课堂教学

决定（我只提供原则性指导），而最终的考核成绩由实测结果决定。最后我结合自己学生时代的经历，将期末考试改为学生自主命题的新模式，即基于学生期中考试的成绩，鼓励排名前 10% 的学生融会贯通，自己出一套内容涵盖后半学期关键知识点的期末考试样卷；而对其余学生，这些定制的试卷则成为他们期末复习资料。上述创新不仅改变了传统"老师出题—学生答题"的被动考试形式，更调动了学生主动学习的热情和潜力，每年都会有让我自愧不如的试卷和集成电路设计从新一届上科大电子专业大三学生手中创造出来，而我也在这些教学惊喜和满足中更加坚定了自己深化和完善课程改革的信心，培养具有鲜明上科大烙印的符合当前集成电路产业需求的"宽口径、厚基础、重实践"人才。

三、顺势而为，在对的科研赛道上奔跑

2015 年 1 月，当我把被上科大录用的消息告诉我导师后，他在第

一时间恭喜我的同时也对我说"从现在开始，你作为一名 PI 进行研究比作为学生更具挑战性"。大树底下好乘凉，我在加州大学洛杉矶分校求学期间，一直受益于导师的谆谆教诲、实验室师兄弟的言传身教、合作课题组的鼎力协作，以及充足的科研资源加持，因此取得了不错的科研成绩。但当我的角色从学生转变为老师后，所面临的第一个挑战就是如何规划自己今后的科研方向。我博士期间的科研工作主要是围绕着拓扑绝缘体这一新兴材料体系展开的。在导师的悉心指导下，经过几年攻关，我们实现了高质量磁性拓扑绝缘体薄膜的生长制备，是世界上少数几个实验观测到量子反常霍尔效应的课题组之一，也首次将拓扑表面态电子自旋—动量互锁特性成功应用于非易失性磁存储器开发；但是受限于材料自身的诸多缺陷，上述拓扑量子效应与器件功能只能在深低温环境中实现，不具备实际应用价值。因此在我反复思考以及与导师不断讨论后，最终确定了准备在上科大开展的工作：一方面扬长避短，通过将拓扑绝缘体与高温磁性材料进行异质集成，从而在保留相关拓扑量子特征的同时有效提高体系的工作温度；另一方面举一反三，通过从产生强自旋轨道耦合效应的内在机理出发，构筑基于窄禁带半导体的异质结体系，这样利用体态的自旋霍尔效应与界面 Rashba 效应的叠加来增强对电子自旋态的有效调控，从而赋能自旋电子学的常温应用。

　　工欲善其事，必先利其器。与一些高校不分专业、只依据入校时头衔配给相应科研经费的一刀切做法不同，上科大从一开始就本着实事求是的原则来助力我打造能够成就我科研梦想的实验室。当学校领导和学院设备委员会老师听我汇报完我的科研计划后，问了我三个问题：高质量的半导体薄膜生长是不是一定需要先进的分子束外延生长

（MBE）设备？有了好的设备有没有信心做出前沿的科研？制备的材料体系能不能有应用前景？当得到我肯定的回答后，他们否定了我最初提出的购买一台二手 MBE 设备来"节省开销"的方案，而是建议我主动联系世界上最好的 MBE 设备商，基于我科研的实际需求来定制最为得心应手的科研利器。在学校学院的充分信任和支持下，我花了近一年的时间与芬兰的 DCA 公司一起设计了一套三腔室互联的 MBE 系统，每个生长腔均按照对应的材料特性进行了专门配置优化，此外我们还引入了超高真空衬底托原位更换装置，从而使得不同功能材料的异质集成成为可能。当这套 MBE 系统于 2017 年底在物质学院 6 号楼完成安装调试后，我带领学生在随后的几年时间里一步一步将其蕴藏的潜力发挥出来：我们在最短的时间内实现了 2—3 英寸磁性拓扑绝缘体薄膜的单晶外延生长，样品质量不仅达到我在加州大学的水平，薄膜的整体均匀度也达到了实现晶圆级微纳器件制备的要求；之后我们又不断深化和扩展材料平台，先后成功开发出包括铁磁 / 反铁磁拓扑绝缘体异质结 / 超晶格、晶格匹配的窄禁带 III-V/II-VI 异质结 / 量子阱、二维铁磁异质结在内的多个薄膜体系。得益于上述材料制备方面的改革创新，我们进一步利用上科大量子器件中心这一先进的微纳加工平台开发了具有优良拓扑量子和自旋特性的原型器件，成功实现了常温下电场对电子自旋态的高效调控。如今，从这套多腔室 MBE 系统制备出来的样品不仅持续推动着我们自身的科研进展，同时这些"上科大制造"还凭借可靠性高的优点被国内外越来越多的课题组采用，在开放合作中逐渐开花结果。

　　除了优质的科研平台不断助力我深化拓扑量子材料体系建设之外，上海科技大学和中国科学院与集成电路企业的坚实合作也为我开辟了

寇煦丰（左三）指导学生实验

新的方向。近年来随着以超级计算机、航天应用和超导／量子计算为代表的新兴信息技术领域的发展，低温电子学日益成为国内外关注和布局的科研新赛道。在 2017 年 9 月的一次研讨会上，鉴于我有深低温电学输运测量方面的经验，江绵恒校长鼓励我大胆走出舒适区，牵头探索低温 CMOS 在后摩尔时代的用武之地。虽然我之前没有接触过这个领域，但在文献调研和对兆芯芯片进行初步的低温测试后，发现 CMOS 器件和金属互联在低温下的性能提升非常有可能会为突破信息处理的能耗边界带来新的希望。在这一判断基础上，我们充分利用上科大微电子中心这一产学研平台，与上海集成电路研发中心、中国科学院上海微电子所，以及华力微电子一道"白手起家"，从搭建低温测试系统，到器件低温物理探索与模型建立，再到低温集成电路自动化设计与优化方法，我们不断在曲折中前行，从失败中吸取经验，逐步摸索出一套可行性方案。最终经过 5 年多的努力，我们成功建立了能够覆盖全尺寸、全温区、宽频域的 CMOS 器件模型，开发了国内首个具有自主知识产权的低温 CMOS 数据库与电路设计平台；这一看似"无心插柳柳成荫"之举能为低温电子学在高能效计算方面的应用提供新的思路和范例，让我深刻体会到以目标为导向进行有组织科研的力量。

四、不负盛世，与年轻的上科大砥砺前行

从 2016 年到 2023 年，我与上科大一同走过了七年的岁月。承蒙学校学院各级领导的关怀和栽培下，我得以在上科大随遇而安，顺势而为，并在不知不觉间完成了从学生到老师的转变：从刚一开始面对空荡荡的房间不知从何开始，到如今实验室填满了设备，几无立锥之地；从一开始带着第一批学生天天当装修工建设实验室，到如今 TALENT 课题组兵强马壮，每个学生都有热爱并愿为之奋斗的课题；从一开始跟学生吐槽陆家嘴的电子专业人才远多于张江，到如今欣喜看到我们上科大信息学院每年大部分 EE 毕业生都选择投身到建设祖国集成电路的伟大事业中；从只能在电视机旁摇旗呐喊，到有幸作为上海市科技青年代表赴天安门广场现场观礼国庆七十周年阅兵和中国共产党建党一百周年纪念大会。我非常幸运能够在这样一个时代，从事这样一份事业，与身边的同仁一起奋斗，与年轻的上科大一起成长，相互成就。

在每年本科和研究生招生宣讲中，我一直保留着一页写着"中国已经有 2491 所大学，为什么还要创建上海科技大学？"的 ppt。这看似是抛给学生家长的问题，过去七年也一直萦绕在我心中。前段时间，我在校内偶遇了一位有些面熟的学生，跟他寒暄起来才知道是去年入学的一名研究生，当时因为纠结导师和研究方向的选择约过我面谈。

2023 年毕业典礼寇煦丰（右五）与课题组合照

这个学生感谢了我给他的"干一行爱一行""开放拥抱"建议及时帮助他缓解了压力，在重新调整心态后他也顺利找到了合适的导师，并很享受现在的科研状态；在分开时我们相约在今年 9 月上科大建校十周年时再聚，一起见证上科大下一个黄金十年的开启。也是在那一瞬间，我似乎了解了上科大对于中国高等教育改革的示范意义：一方面学校施行的独立 PI 制度保障了每个老师都能自由规划科研道路，在挥斥方遒间绘制科研蓝图；另一方面学院结合科研发展的客观规律，以研究中心为单位鼓励不同专业背景的老师交叉融合，在前沿科学合作中取长补短，不断扩展各自的知识边界。在日常的教学、科研、服务工作中，学校也处处以人为本，学院的建设均由各委员会集体讨论决定，将教授治学的原则落到实处；通过青年教师职业导师制度和资深专家委员会制度的推广，因地制宜营造识才、爱才、敬才、用才的良好环境，助力青年教师快速成长；通过上道、科道、大道三大书院的设置，

寇煦丰作为上海青年代表参加国庆七十周年天安门现场阅兵活动

寇煦丰作为教授代表在上海科技大学 2017 年开学典礼上讲话

以书院导师制建立起师生间沟通的桥梁，师生命运共同体孕育出上科大一批又一批深受学生喜爱的网红教授。在未来十年，我也会继续秉持加入上科大的初心，"立志、成才、报国、裕民"不仅是我们在上科大教书育人的宏愿，更是鞭策自己未来继续努力的宗旨，耕耘三尺终不悔，惟愿此身长报国！

谨以此文纪念我与上科大的七年情缘，祝上海科技大学十周年生日快乐！

【作者简介】

寇煦丰，上海科技大学党委委员、团委书记，信息科学与技术学院助理院长。

我与上海科技大学共成长

华 甜

我与上海科技大学结缘始于 2013 年，因我的导师刘志杰教授的工作调动，我便同他一道从中国科学院生物物理研究所来到了上科大 iHuman 研究所，成为了中国科学院和上海科技大学联合培养的一名博士生，继续我的研究和学习。

一、从北京到上海

在北京学习和生活，是我从小到大的梦想，我也如愿在北京完成了本科的学习。因此，初来上海，无论是气候还是饮食，我都有些许的不适应。上科大当时还在筹建之中，如今美丽的校园当时还是如火如荼建设中的工地，我们的临时实验室还在海科路 99 号的中国科学院上海高等研究院内。但就是在这个地方，我接受了我的导师刘志杰教授交给我的一个极具挑战性的课题——大麻素受体的结构生物学研究。

大麻作为药物使用已有几千年历史，大麻素受体是治疗疼痛、炎症、肥胖症以及药物滥用的潜在药物靶点。但长期以来，人们对于大

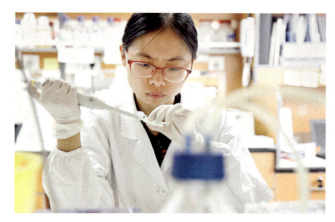

华甜在实验室工作

麻素受体到底长什么样子并不是很清楚，以其为靶点的新药研发均因严重的副作用被终止。获得大麻素受体的三维精细结构，成为一道必须跨过去的"槛"。

为了攻克大麻素受体的三维结构和信号机制研究，我一如既往地每天早上 7 点多到实验室，几乎每个晚上都在 12 点之后离开。每天沉浸在查阅文献、设计实验、做实验中，在为一幅从未见过的蛋白质结构拼图逐渐清晰而乐此不疲。

二、科研永不言弃

虽然 iHuman 研究所是先于上科大近一年成立的，但同上科大一样，也是一个年轻而有活力的群体。随着科研人才的不断引进，研究所的同事、同学也渐渐多了起来，研究所的发展也开始呈现小荷才露尖尖角的态势。

我个人的研究在此时却陷入了瓶颈。当时，解析蛋白质结构的主要方法之一是 X 射线晶体学，换言之，这就像给肉眼看不到的蛋白质分子拍摄超高清晰度的 3D 照片。由于大麻素受体的构象很不稳定，非常"活泼好动"，很难将其结晶。当我好不容易第一次获得了大麻素受体 CB1 蛋白的晶体，还未来得及高兴，就发现大麻素受体 CB1 分子堆积得不够整齐，无法获得高分辨率的 X 射线衍射数据，这意味着我之前的努力几乎全部白费，工作必须再次从头开始。

　　随后，在 2014 年下半年到 2015 年年底，长达一年半的时间里，我开始了周而复始地一轮接着一轮的晶体优化实验：从表达载体设计到样品制备，到结晶，再到晶体衍射检测。面临的困难超出团队所有人的想象，最难的时候，是当我拿到生长得比较好的蛋白质晶体，却依然没有得到好的衍射结果。这种在希望和失望之间的反复折磨，使我承受着巨大的心理压力，有时我会怀疑自己是否适合做科研。但每次详细分析了前期的数据和失败的原因后，我总是怀抱着希望，执着地坚持把其他的可能性都尝试一下。"只要还有一线希望，就不要产生放弃的念头。挫折与失败，也许是成长道路上最宝贵的财富。我时常提醒自己不能被困难打败，一蹶不振，应对失败的良药应该是擦干眼泪，继续前行。"这是我写在朋友圈里的话，也是对自己的鼓励。

　　在几近山穷水尽之际，我忽然想到，能否将用来表达蛋白的细胞系，从原先的昆虫细胞表达系统换成哺乳动物表达系统，因为后者可能为人源蛋白提供最接近天然状态的条件。令人没想到的是，这一次尝试竟破解了三年的困境，在 2016 年 4 月，我收到在日本 Spring-8 同步辐射光源收集数据的师弟的微信，得知我的晶体获得了 2.9 埃的高分辨率数据。当时我的大脑因激动而一片空白，双手也不停地颤抖，泪水终于不再苦涩沮丧，我兑现了课题开始之初的诺言"永不放弃！相信所有事情通过努力最终都会化苦为甜！"

终于，我的第一篇关于大麻素受体 CB1 的文章在 2016 年的《细胞》期刊上发表，在国际上首次展示了人源大麻素受体 CB1 与拮抗剂结合的三维精细结构。在此之后，我想继续尝试难度更大的与激动剂结合的 CB1 结构。因为拮抗剂是让蛋白质"睡着"的，让蛋白质排列整齐地结晶，相对比较容易。所以，当时解析出的 GPCR 结构中大部分处于拮抗状态。可激动剂犹如要让一群孩子调皮起来，想让这样的蛋白质分子排列成整齐的晶体，难度更高。为了继续完成这个研究，我主动选择了延迟毕业一年，可喜的是，有了前期的积累和经验，8 个月后，我的第二篇大麻素受体 CB1 文章就发表在 2017 年的《自然》上。2019 年初，在毕业不到一年后我又以共同第一作者的身份，在《细胞》发表了第三篇大麻素受体的研究文章，解析了另一个大麻素受体 CB2 的三维精细结构。

在不到三年的时间，我连续以第一作者在国际顶级期刊发表了三

大麻素受体 CB1 结构研究工作 iHuman 研究团队成员合影（从左至右：濮梦辰、水雯箐、赵素文、刘志杰、华甜、雷蒙德·史蒂文斯、曲露、吴屹然、李珊珊）

篇研究论文，在外界看来，我拥有了"开挂的人生"。可是我更相信"越努力，越幸运"，我把写着这六个字的小纸条贴在我的电脑上好久好久。回顾起来，我觉得我的确很幸运，我在合适的时机跟随刘志杰老师来到上海科技大学 iHuman 研究所，上科大先进的办校理念和优异的科研环境使研究者可以专心致志、心无旁骛地醉心于科研。我还得益于 iHuman 研究所鼓励合作、勇于创新的文化。我的幸运也包括在 iHuman 研究所遇到这么多可爱又优秀的老师、同学和同事，他们的帮助，特别是在科研进入低谷时伸出的援手和真情实意的鼓励也是我成功的重要因素。

三、基础科研与成药的梦想

从解析蛋白质结构开始，一直做到可以惠及大众的药物，是我一直追求的梦想。如今作为 iHuman 的独立课题组长、助理教授、研究员，我继续带着学生完成更多关于大麻素受体的基础科研成果，同时，我与导师刘志杰的研究团队在新的领域也进行了尝试探索。

我国自古就有民以食为天的说法，烹饪饮食文化是人类文明史的重要组成部分，而味觉系统正是支撑饮食文化发展的重要自然基础。味觉是由存在于味蕾中的味觉受体介导产生的，人的味觉由酸、甜、苦、咸和鲜这五种基本味感组成。其中，苦味、甜味和鲜味受体属于 G 蛋白偶联受体（GPCR），而酸味和咸味的感知是通过人体中的另一类膜蛋白——离子通道受体完成的。各种味觉信号分子结合特定受体后启动胞内信号转导，从而激活味觉细胞使其分泌三磷酸腺苷（ATP）。ATP 作为一种神经递质激活感觉神经纤维，经由特定的神经通路传递至不同脑区，从而产生不同的味觉感受。由于大多数有毒物质具有苦味，因此苦味受体具有规避有害食物，防止中毒的重要作用。

苦味受体（type 2 bitter taste receptor，TAS2Rs）是味觉系统中比较特殊的一类受体，与其他 GPCR 的序列同源性低，因此被单独归类为 class T 亚家族。因为苦味受体主要表达在味觉细胞表面，以往的 GPCR 表达技术并不直接适用，所以苦味受体的研究是 GPCR 结构生物学研究领域最后一块未被开垦的处女地。

我们把研究目标首先聚焦于苦味受体 TAS2R46，它是一个广谱类苦味感知受体，可以识别多种不同结构类型的苦味分子，包括马钱子碱、奎宁、夏至草素等。马钱子碱是从马钱子中提取的生物碱分子，具有抗炎镇痛等药用效果，但同时也有较大毒性。据报道，马钱子碱是苦味受体 TAS2R46 最强的激动剂之一。除了口腔，苦味受体 TAS2R46 在呼吸道、肠道、脑和心脏等组织也有显著表达，被认为是哮喘的潜在药物靶点。

经过不断尝试，我们独辟蹊径地设计了几种非常规方法克服了 TAS2R46 受体在昆虫细胞里表达量低及复合物组装困难等一系列难题，使用单颗粒冷冻电镜技术成功解析了马钱子碱激活及无配体两种状态下 TAS2R46 受体与下游信号蛋白复合物的结构，首次揭示了苦味受体独特的三维结构及调控机制。该研究为探索苦味受体的结构和作用机制开创了新途径，填补了 T 类 GPCR 结构的空白，未来还将促进针对苦味受体的化学感知和药物候选分子的探索。

一辈子漫长又短暂，在基础科研方面，在上科大先进的科研平台以及宽松的科研环境支持下，我将继续探索生命科学领域的未知科学问题。同时，希望能把研究成果转化成新药，实实在在地造福人类，不管前方是顺风，还是逆风，我都会一往无前地走下去。

苦味受体 46 研究工作主要成员合影（从左至右：刘志杰、胥维秀、华甜；第一作者胥维秀为刘志杰和华甜共同指导的博士研究生）

【作者简介】

华甜，上海科技大学 iHuman 研究所研究员、生命科学与技术学院助理教授。

我与大科学装置之缘

王美晓

一、与大科学装置初结缘

2010 年的 11 月，读博士一年级的我，来到美国加州大学伯克利分校的 ALS 先进光源，做角分辨光电子能谱 ARPES 实验。从那时起，我就和大科学装置结下了不解之缘。

当时，能去美国 ALS 做实验是非常难得的，因为这是一个技术先进的三代同步辐射光源，其中的 ARPES 实验站也是世界领先的。正是利用导师申请到的这短短 5 天的宝贵时机，我取得了很好的实验结果，论文发表在《科学》(*Science*) 上。

取得良好的研究成果，发表优秀的科研论文固然令人欣喜，但每当回忆起那段国外的实验经历，我总感叹实验时机来之不易——要获得欧美发达国家同步辐射光源极为有限的实验时机，申请书不仅必须至少提前半年提交，还要保证其内容具有很高的研究意义和价值，才有可能从来自全世界众多的申请中脱颖而出。而作为中国的科研人员，申请更是难上加难。与此同时，我也亲身感受到国内在物理学研究领域科研仪器设备同欧美发达国家相比存在的较大差距，不由心生憧憬：如果我国也能建成先进的 ARPES 装置，不仅中国科学家做电子结构实验不再有障碍，也让国外科学家申请来我国做国际前沿的科学研究。

二、有幸加入上科大，投身大科学装置建设

2014 年深秋的一次校园招聘会，改变了我的人生轨迹。在那之前，我曾一度认为，我毕业后会将物理学科研之路继续走下去，正是怀着这种想法，我把简历投给了包括上科大在内的几所高校，寻求一份科研职位，却从未敢想过有朝一日我能有机会投身大科学装置的建设。

万万没想到，我上午投了简历，时任上科大人力资源处处长江舸当天中午就给我打来电话，问我是否考虑加入上科大，突如其来的机遇把我搞懵了：一是完全没想到会有这么迅速的响应；二是说来惭愧，我甚至还没有来得及去深入了解这所新筹办的高校。傍晚，上科大物质学院刘志教授又打来电话，向我更加详细介绍了上科大承担的大科学装置建设任务。我感觉心中的灯火点亮了，来到张江科学城投身大科学装置建设，不正是多年以来的心之所向吗？就这样，2015 年博士毕业后，站在出国继续从事博士后研究和回到家乡高校工作的分叉路口，我最终选择加入上科大，担任助理研究员。后来我得知，我是学校历史上第一位通过校园招聘入职的职工。

三、来自上科大的 NanoARPES 科学装置建设团队

NanoARPES 中的"Nano"指的是实验样品处的聚焦光斑大小只有几百纳米，仅仅是传统 ARPES 实验站的 1/100，这是 ARPES 实验技术的重要演进。当时，NanoARPES 实验站已经率先在几个欧美发达国家

的同步辐射光源上投入运行，国内的 NanoARPES 实验站也在上海光源 II 期建设项目中有了部署。而建设好国内首台 NanoARPES 实验站的重任，当仁不让地寄托在上科大这个在张江冉冉升起的新星的肩膀上。

面对国内 NanoARPES 实验站的建设经验和相关技术的空白，上科大整合筹措优势资源，果敢而正确地做出分两步走的规划。首先，在刘志教授牵头的"基于上海同步辐射光源的能源环境新材料原位电子结构综合平台（SiP·ME^2）"项目（光源 BL03U）的分支线上建设一台 NanoARPES 测试实验站，利用该测试站充分汲取实验站的设计和搭建调试过程中的经验教训，最终力争建成一套功能完善的 NanoARPES 实验装置。而后，马上着手建设全新的 NanoARPES 用户装置，这套装置是光源 II 期建设项目中"纳米与磁学光束线（BL07U），空间和自旋分辨的角分辨光电子能谱和磁圆二色（S^2-line）"实验站集群中的主力实验站之一，它的设计指标和验收指标都是国际领先的，建成后将正

NanoARPES 实验站安装完成照

式对国内外科研用户免费开放。

　　加入上科大，除了开展日常的科研工作外，我的主要岗位职责就是在上海光源从事 ME^2-NanoARPES 测试实验站和 S^2-NanoARPES 用户正式实验装置的建设和科研工作。

　　面临如此重要的实验站建设任务，以相同目标加入上科大的，还有当时刚从海外归来的柳仲楷助理教授。柳仲楷教授在斯坦福大学师从沈志勋教授从事 ARPES 研究多年，回国前在英国 diamond 光源从事博士后工作，对于 NanoARPES 有着丰富的知识技能储备和工作经验，能够就实验站建设的核心科学问题、实验原理和方法等提出有建设性和指导性的意见，是建设团队的领导者。我作为一名助理研究员，则更多担负起工程方面的任务，从实验站构造和布局设计，到实验站核心部件的加工制造与采购和实验站周边设施的配套，再到实验站建设工程的管理、推进和验收，无不蕴含着我辛勤奋斗的汗水。在建设 NanoARPES 实验站的初期，我和仲楷并肩作战，紧密配合，成为实验站建设团队的核心成员。后来，随着学校不断发展壮大，更多成员入职上科大并加入工程建设的团队，尤其是机械加工中心主任刘芳副研究员的加入，使我们获得重要的精密部件从而提高快速加工的能力，大大缩短了关键部件的研制时间，工程师刘鹏和王峰的加入，强力推进我们在实验站机械设计的迭代和更新进度，推进实验站样品操纵台和低温等重要核心能力的实现。更值得一提的是，在两个实验装置建设的全过程中，柳仲楷和陈宇林教授课题组内的研究生和几位在组内研习的本科生也做出了重要的贡献，尤其是在设备安装调试过程中，需要大量的人力和物力，他们用自己辛勤的汗水甚至是血水，筑起实验站建设任务的坚实后盾，用实际行动诠释了 90 后一代青年人的责任和担当。

四、铸剑六载功不舍，一举闻名天下知

俗话说，"万事开头难"。尤其对于建设大科学装置这种复杂工程项目，我们年轻的团队缺乏工程执行和管理经验的短板很快地体现出来。在项目执行初期，我们面临着诸多困难和挑战，可谓千头万绪。当我们在迷茫和无助时，也曾向国内科研设备生产商寻求合作和帮助，虽然我们很感谢那个时期接洽我们，帮助我们的企业，但是，我们发现他们始终无法承接整套设备的方案设计和工程建设，因为要建设一个独一无二却又面临大量技术瓶颈的实验站，显然是要投入大量时间成本和持续投入大量研发和人力成本的，这是与企业的基本运营模式不相符的，因此项目建设的主导权必须也只能掌握在自己手中。当逐渐认识到这一点后，我们开始认真对整个项目进行工程细化和分解，对项目每一个环节的执行时间进行规划，对项目遇到的各种问题和面临的技术瓶颈进行认真的分析总结，对可能出现的问题进行提前的分

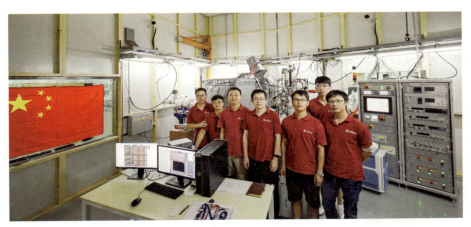

来自上海科技大学的 NanoARPES 建设团队主要成员合照，人物从左至右依次为刘鹏、张敬、王美晓、柳仲楷、吴凡、张宗霖、刘芳

析和研判，形成工程进度推进和管理的内部方案，这对于工程的有序推进起了重要的作用。

实验站的建设凝结了团队的勤劳、智慧和汗水。最令人难忘的还是 2020 年底到 2021 年 5 月的 S^2-NanoARPES 搭建过程。按照光源二期项目实验站建设进度的总要求，S^2-NanoARPES 要在 2021 年 6 月通过国家验收。而实际上，由于受到疫情的影响，我们的设备和部件的货期普遍严重推迟。在我们的再三催促下，直到 2020 年底，实验站的最关键设备——电子能量分析器和主分析腔才到货，这意味着我们从实验站的搭建、调试到测试验收过程仅仅剩了不到 5 个月的时间。而从国外实验站的建设历程来看，这个过程都需要至少两年。因此，我们面临的项目执行压力是空前艰巨的，项目建设到了最吃劲的阶段。要顺利完成项目，不仅需要根据项目进度动态缜密制定并调整好建设计划，还要求团队的每一个成员都严格执行安装计划，团结一切可以团结的力量，调动一切可以利用的资源。就这样，在"一定要把实验站建设的任务完成好"的源动力驱动下，建设团队人员众志成城，精诚合作，拼尽全力，各尽所能。我们经常为了完成一个部件的安装，忙到后半夜，只为完成当天的建设计划，而第二天一早又怀着充沛的精力投入新一天的建设工作。最终，在团队的努力和学校的大力支持下，我们不折不扣、按时保量地完成了这个别人看来几乎不可能完成的工作，打赢了这场实验站建设和验收的"攻坚战"。整个过程下来，我瘦了将近 20 斤，头发也没时间打理，以至于很多人当时第一眼见到我都差点不认识我了。

实验站建成并顺利验收后，上海本地和国内多家主流媒体都进行了报道，对于这套国内首台 NanoARPES 实验装置的建成给予充分的

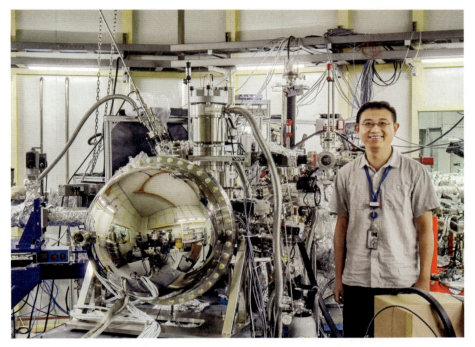

王美晓与搭建完成的 NanoARPES 实验站合照

认可和很高的评价。正是由于我们的努力，以及国家和上海市的资助，实验站得以如期向国内外科研用户免费开放。在实验站运行的一年多的时间里，就已发表 3 篇高影响力学术论文，申请了 4 项发明专利，真正实现了用自己搭建的仪器做出优秀的科研成果的梦想。我为搭建出这样世界领先的科研设备而感到骄傲和自豪。我现在终于感到，虽然在《科学》（Science）上发表的是好文章，但这终究是用国外科研仪器做出的一篇文章，而建成实验装置的贡献，不仅可以做一篇文章，而是自己和其他用户，可以做许多篇文章。此外，作为 NanoARPES 实验装置国内的先行者，我们搭建全方位多角度机位连续拍摄了长达半年之久的实验站建设视频，并对该影像资料进行精选剪辑，在互联网上无偿分享，希望对国内其他光源即将部署和建设的 NanoARPES 实验站有所帮助。我本人也因为在建设国内首台纳米角分辨光电子能谱实验站中展现出的总体设计和工程推进能力，荣获 2022 年"上海杰出工程师（青年）"荣誉称号，并有幸应邀参加了第五届世界顶尖科学家论坛，并在论坛上参与圆桌讨论环节，向观众宣传大科学装置建设的重要性和必要性；同时参加"新青年·星思想——上海卓越青年工程师论坛"，并作了 TED 的演讲，以自己的亲身体会和感触鼓励广大青年大学生积极加入工程建设的队伍中来。

五、向着更重要的任务奋进

由于完成两个 NanoARPES 实验站建设任务积累了丰富的经验，学校领导也认可我的能力，所以目前我又承担了上海硬 X 射线自由电子激光项目首批规划的 10 个实验站之一的物质结构实验站的建设任务——这又是一个全新的光子科学大科学装置，它的建成将助力上海市建设具有全球影响力的科创中心建设，成为张江综合性国家科学中心中最重要的大科学装置的一个重要成员，也将真正意味着我们中国的科研设备实现在国际上从并跑到领跑的转变。

六、梦想要靠奋斗去实现

我时常被亲朋好友问这样一个问题："你博士期间就发了《科学》（Science），本是科研生涯很好的起步，现在却把主要的时间和精力都投入到了大科学装置建设，是否后悔这个选择？"我想答案绝对是"不后悔"，人只要是为了那一份发自内心的美好的梦想和希望去努力过，奋斗过，拼搏过，无论从事什么，无论结果如何，都是值得肯定的。

同时，我感恩上科大提供了这样一个能使我充分利用自己的专业所长施展自己能力的舞台，能为国家大科学装置的建设贡献自己的力量，我也希望自己能在今后的工作中继续努力，以奋斗者的姿态回报学校对我的知遇之恩。

【作者简介】

王美晓，上海科技大学大科学中心副研究员，上海硬 X 射线自由电子激光装置项目束线站总体 FEL-II 分总体物质电子结构实验站系统负责人。

我与上海科技大学的第一个十年

李秋凝

　　2011 年 9 月的一个下午，我来到阔别 6 年的岳阳路 319 号中科大厦三楼，我的研究生一年级就是在这里学习和生活的。那天我见到了饶子和院士，向饶老师汇报了自己的求学及职业经历，于是开启了自己职业生涯的一个新的篇章，加入中国科学院与上海市联合新建的大学，那时候校名都还未确定。我作为上海科技大学的第一位全职员工

2013 年 3 月 12 日植树节，在辰山植物园植树

（工号 101），在生命学院的行政管理岗位上一干就是十二年。

十年树木，百年树人。2013 年 3 月 12 日，一个满怀希望的春天，当时上科大共有 30 多位职工，大家一起去辰山植物园种下了几棵小树。回想起来，我们在上科大也像在种树，十年过去了，小树苗都长成了大树。但是未来的五十年、一百年……上科大这棵树会一直茁壮地成长下去，报效祖国、服务人民。

一、招人，我们扬帆起航

种树不是件容易的事。在建校初期，"大楼"还在设计的时候，学院"大师"的引进工作就已经启动。那时候是饶子和院士牵头生命学院的筹建工作，在他的筹划下，我们从近五年的《细胞》《自然》《科学》三个国际顶级科研论文期刊中，选择作为第一作者或者通讯作者发表科研论文的华人科学家，形成上科大生命学院人才库。我们特别关注了其中那些当时还是"博士后"岗位的青年科学家们。

2012 年的 6 月，我们组织了一场"青年科学家讲习班"。我们开创国内青年人才引进活动的先河，为青年学者提供全额往返国际机票，与会期间的食宿活动费用全包，邀请大家来上海进行学术交流，向大家介绍上科大的情况、介绍上海的人才引进制度，吸引人才落户上海、加入上科大。

因为国内从未有过这样的先例，这样的"创举"难免引发"质疑"。我从 4 月开始逐一向人才库中的华人科学家发送邮件，邀请他们回国参加讲习班活动，并告知我们费用全包。在此期间我也在北美华人常用论坛上检索信息，赫然发现有人将我的邀请信贴到网上，并询问大家"这种费用全包邀请回国的行为是否是骗子？"那时候上科大还没有注册法人，所以我们向中国科学院上海分院求助，借用他们的信纸和公章。我当时发出了近两百份邀请函，最终邀请到 35 位青年学者参与，其中杨海涛、徐菲和沈伟教授就是从这场讲习班上招募来的人才。

讲习班在哪儿开？那时候上科大校园还在图纸上，我们将会议地址选在前程路上的中国浦东干部学院，寓意活动为上科大青年人才的"黄埔一期"。我们还定制了"上海科技大学第一届国际青年科学家讲习班"骨瓷杯，淡雅精致的上海市花白玉兰以浮雕工艺印在杯身上，象征着开路先锋和奋发向上的精神；杯身上还有每位参会老师的名字。我们的"黄埔一期"吸引了大量人才回国。那一批讲习班中还有好几位青年学者，后来也陆续回国，在不同的大学和科研单位，为国家贡献自己的所学所长。

上科大从建校初期就确立了"常任教授制度"。当时在国内很多高

2012 年 6 月，上海科技大学第一届国际青年科学家讲习班

校，海外博士后回国会直接给"正教授"职位，特别是在拿到一些人才"帽子"的情况下。但上科大始终坚持对从未独立领导过实验室的新聘教师，无一例外都要从"助理教授"岗位干起。这样的坚持在最初两年，让我们的师资招聘工作遇到不少困难。学校持续支持教授的职业发展，但是能否被聘任为常任教授依然取决于他们在教学、科研和服务上的成绩，依然要符合我们常任教授考核的流程与标准，而并不取决于"帽子"。

我始终记得江绵恒校长在讲习班上的发言。"上科大的建设，是为了打造我国高等教育试验田，是为了找到一条创新之路，并且是可以复制，可以推广的。"我们尽自己最大的努力招募人才、培养人才，意义并不局限于上科大，而是为了服务大上海，服务全中国。接下来的几年，无论是青年学者论坛的模式，还是"常任教授制度"都在全国各地涌现。

二、招生，从无人问津的宣讲到 100% 一志愿录取

万事开头难。师资招聘经历"质疑"，研究生招生的开展也面临着挑战。按照计划，2013 年生命学院将招收第一届 110 位研究生。前一年暑假，我们打算组织夏令营，邀请全国各地优秀的本科生来上科大参加活动。那个春天，我们跑了上海好几个高校，还去了兰州大学和南京大学。南大非常支持，特地安排我们入住了校园内的招待所，提供了宣讲的教室，也帮我们张贴了海报。我们还是很担心同学们可能注意不到上科大的信息，于是我们同去的五个老师就在南大校园里发传单。等到宣讲会开始，只来了两位同学，于是我们五位老师就围着这两位同学，详详细细地介绍了学校和学院的情况。那年很遗憾，我

们并没能招到南京大学的本科生。

接下来的几年，我们都在春天将上科大的足迹踏遍全国各地，几乎所有教授都会走出校园走出上海，去做招生宣讲；在夏天的时候，我们将全国各高校的优秀大学生邀请到上海，沉浸式体验上科大生活一周。随着学院规模越来越大，科研成果越来越多，从 2013 年依托国科大招收研究生，2017 年我们开始独立招生，到 2019 年我们的研究生招生实现 100% 一志愿录取，不再接受调剂。2020 年，上科大增列为生物学一级学科硕士授权点，2021 年增列为生物学一级学科博士授权点，生物医药专业硕士学位授权点，2022 年增列为生物医药专业博士学位授权点。我们在生命科学领域的发展就是这样一步一个脚印，逐渐走出来的。

三、办公地点

我们的办公地点也几经变更。最开始，上科大全职员工只有我一个人，我就在岳阳路 319 号中科大厦，跟中国科学院上海分院教育基地的老师一同办公。随着学校教职工逐步到位，我们搬到园区靠太原路那边的一幢三层办公楼，同事们都亲切地称它为"小白楼"。小白楼都是木头地板，上楼下楼，走来走去都会有嘎吱嘎吱的声音。三楼是一个花园平台，我们在平台上摆上了桌椅阳伞，种满了绿植，设想着有空的时候，大家可以一起在平台喝喝咖啡，聊聊天。谁承想大学的筹建工作如此繁重，大家每天从早到晚忙忙碌碌，根本没有时间去平台休闲娱乐。

随着学校筹建团队进一步壮大，我们搬到靠近太原路的 8 号楼办公，一开始也是三个学院一起在十一楼的大办公室，后来三大学院陆

2013 年冬，上海科技大学教职员工合影，背景是中国科学院上海分院交叉中心，建校初期很多重要会议都在这里举办

续增加了人手，也陆续有教授入职，于是每个学院分到一层楼，生命学院搬到四楼，物质学院搬到三楼，信息学院搬到了二楼。

2014 年随着第一届本科生入学，由于学生宿舍都在浦东校园，所以我们也迁入海科路 100 号高研院园区内的三栋楼，按照功能，分别命名为科研楼、教学楼和行政楼。科研楼是一个回字形楼宇，在二楼中间平台是一个篮球场，那两年，我们的开学典礼也都是在这个篮球场举行的。

2017 年，上科大校园启用，我们终于搬入了曾经深度参与设计的 L 楼。L 楼的设计想法其实也非常朴实——在最初设计时，我们还没有一位教授入职，所以我们计划将实验室设计成统一模式，后期再根据

2014 年 9 月 30 日，上海科技大学首届本科生暨 2014 级研究生开学典礼

2016 年 2 月，上海科技大学生命学院教职工合影

入职教授的需求做小的改造。由于生物学实验室需要很多做实验的空间，还会有很多设备需要摆在里面，所以我们对设计公司的要求就是"实用面积尽可能大"。我们舍弃了其他学院楼都有的连廊设计，因为连廊会占用一楼实验室空间；L 楼的实验室基本上都是开放式空间，没有走廊围墙，也是为了不浪费空间。到最后设计公司也很无奈，只能"强硬"地表示，楼宇中间必须要做大空间，增加采光。L 楼可能是最朴实的，但也是最实用的，实验室方正的空间大概也是最受科学家欢迎的。

四、院长

正如我在开篇提到的，饶子和院士是把我招到上科大的恩师。在他的指导下，我从科研技术类岗位成功转换到行政管理岗位，从"一心只读圣贤书，两耳不闻窗外事"转变为"生命学院大内总管"。饶子和老师的很多想法和思路都极具大智慧，从整理生命科学的国际顶尖人才库到青年科学家论坛，到后来他在上科大免化所打造了"结核中心"。得益于团队十几年来在冠状病毒领域的研究积累，新冠疫情暴发后不久，团队就投入相关蛋白研究中，研发抗病毒新药，目前中心聚焦感染类疾病研究，也一直走在领域国际前沿。

吴家睿院长在 2012 年开始加入上科大筹建团队，后来担任学院执行院长。家睿院长的系统性思维方式对我的工作逻辑具有深刻影响。绝大多数工作上的决策，我都会按照家睿院长的思维方式，找底层逻辑、找站位格局、看目的意义、看对学院的整体影响，坚持公平公正。家睿院长总是说他是个裁缝，在上海生科院任院领导的时候，设计了蛋白质设施的布局和楼宇；在上科大任院领导的时候，设计了学院 L

楼；在高研院任院领导的时候，设计了 14 号楼，也就是生命学院现在的动物房楼宇。他所做的，都是开创性、建设性的工作。他不再担任生命学院院领导后，国科大又邀请家睿院长担任杭州高等研究院执行院长。

林海帆院长是 2014 年 8 月接受学校校务委员会任命担任学院创始院长的。在第一次见面之前，我只知道他是国际顶尖的干细胞科学家，2012 年子和老师和家睿老师去美国做招聘宣讲的时候，耶鲁那一站也是海帆老师对接的。在接下来这些年的工作中，他一直非常强调学院工作的国际化以及标准化。如果说子和老师对上科大的筹建工作是高屋建瓴的、家睿院长对生命学院的建立是开创性的，那么海帆院长对生命学院的成长则是倾注全力的。海帆院长在学院落实了研究生培养过程中的"轮转"制度、"导师组"制度、"年度考核"制度，再加上家睿院长对毕业论文 100% 参加盲审的要求，让我们学院的研究生培养质量得到广泛认可。在师资队伍建设上，海帆院长确立了生命学院师资招聘及常任轨教授晋升考核的标杆，使得我们的教授团队始终保持着自己的风格和标准，生命学院也在国内外生命科学领域确立了自己的地位。

同时海帆院长也是一位非常善良、谦逊、和蔼的学者，给人的印象永远是波澜不惊、温文尔雅，会照顾好身边每一个人。2018 年 4 月30 日到 5 月 5 日，我和物质学院特聘教授宗家洸老师一起到美国东部参加 Nature Jobs 组织的三场招聘会，分别在波士顿、纽约和芝加哥。结束了波士顿的宣讲第二天，5 月 1 日，突然获悉林海帆院长当选美国科学院院士，在宗老师的支持下，我们改从波士顿乘火车到纽约，中途停靠纽黑文。原以为海帆老师当选后可能会忙于各种庆祝活动，我们也许只能简单见一面。没想到海帆老师依然如常地工作与生活，邀请我们在他非常喜欢的意大利小馆吃披萨。荣誉对他来说都是身外物，科研和科学环境的健康，对他才是最重要的。

那是非常有纪念意义的一顿晚餐。可就在 2021 年 1 月 6 日，宗家泷老师在美国感染新冠病毒不幸离世。我一直在想，如果宗老师那时候就决定选择全职回国，也许我们还能经常愉快地回忆那顿晚餐，庆祝未来一个又一个里程碑。

罗振革院长早在 2012 年就作为特聘教授开始参与上科大的工作。2018 年他正式申请上科大常任教授的职位，选择全职加入上科大，并被任命为生命学院副院长，2022 年任命为执行院长。振革老师一直说他对上科大感情很深，所以他选择了上科大。其实早在我读研究生一

2018 年 5 月 1 日，与林海帆老师（左二）、宗家泷老师（右一）在纽黑文一个意大利小馆晚餐，庆祝海帆老师当选美国科学院院士

年级的时候，我在中科大厦的室友，就是罗老师的博士生。我印象特别深的是，我的室友在神经所拿到博士学位后，决定走职业科普的道路，加入一家出版社做儿童科普书籍编辑。这不是一条常规的中国科学院博士的职业道路，但是我始终记得，她眼里带光地告诉我："老罗很支持！"罗院长对待所有工作都一丝不苟，无论是科研还是行政的各项工作。也是在他到任后，生命学院顺利拿到了生物学博士学位授予点。

　　我一直觉得自己很幸运，能在生命学院这样一个环境里工作，领导开明、客观、公正、和蔼可亲，同时还有一帮非常专业、积极主动、不怕苦不怕累，全情投入人才培养事业的同事。也是在这样的环境中，我们的人才队伍建设一直坚持把品行放在第一位，对学生的培养亦然。

2019 年 6 月 29 日，生命学院毕业庆典活动后，学院行政团队合影留念

在这里，我们一群朴素的教育工作者坚守着自己的初心，其实也很简单，我们在做的就是培养人才，培养专业技术过硬、身心健康、品行端正的生命科学人，"立志、成才、报国、裕民"。

【作者简介】

李秋凝，上海科技大学党委委员，生命科学与技术学院党总支书记、副院长。

培风图南十年记

——我在上海科技大学招生

韩　飞

一、偶然中结缘

2013 年春天，一个偶然的机会，我走进了岳阳路 319 号，这里是中国科学院上海分院，院区里的法国梧桐和银杏冠盖相倾，半绿半黄的叶子翩翩摇动，枝叶间掩映着一座红色的小楼屋顶，古朴厚重之感扑面而来。那时的我便了解到，此刻，有一所崭新的高校正在其中酝酿、生长。

当时寓居在中国科学院上海分院的，正是筹建中的上科大。听说坐落在张江科学城园中区的主校园已开始建设，现代化和人性化是令人憧憬的关键词。

当年 9 月，上海科技大学正式挂牌成立。2014 年初，我加入了上海科技大学教学与学生事务处，从一名外企研发负责人，成了"高校韩老师"，我和同事摩拳擦掌，准备迎接首届本科生的到来。

本科生的招生、培养与管理，都需要一款功能强大、扩展性强、安全性高、稳定性好的系统，还要契合上科大独特的选拔、培养机制。我和同事们一起调研，了解国内外信息化建设的前沿资讯；反复论证，选择构建适合我校招生、培养的信息化框架。在大家的共同努力下，在不到一年的时间里招生系统、教务系统等初具雏形。岳阳路校区的逻辑搭建，与张江科学城的工地建设，同向而行，我们共同在平地建构起一个新世界。

2014年，上海科技大学计划从全国9个省份招收200人，并举办了第一届"校园开放日"。"校园开放日"公开测试版将举办时间定在高考前，第一届校园开放日设置了集体住宿、欢迎晚宴等环节，学生需要听取讲座并按照小组开展团队活动，着重考察协作能力。这种新颖的选拔模式迅速获得一大批极富创新精神的高中生认可。作为活动的技术保障，我全程在幕后奋战，仍然能观察到，新型大学的生命力层层绽放，新的范式正在催生新的未来。那一年，上海科技大学被确定为上海市高考改革试点高校。

2015年，上科大本科招生录取新增贵州、云南、辽宁三个省份。作为一个辽宁人，我从幕后走向台前，全权负责辽宁本科招生工作，与沈阳、大连、鞍山等多个高中建立了友好联系，也频繁出差前往全国各地开展宣讲活动。那年的"校园开放日"也有所不同，不仅将举办时间改在高考结束后，还在上海、济南、昆明三地共举办了为期8天的11场"校园开放日"活动。高水平的全职教授和来自中国科学院上海分院的特聘教授开始担任面试官，他们主要的任务不是选高分考生，而是选一些和他们志同道合的孩子加入上科大这个科技共同体。

二、挑战中迭代

在一所崭新的大学做招生工作极具挑战性。一切都是新的，像一张崭新的白纸，你知道那洁白无瑕的纸面下纤维纵横，构造精妙，材质坚韧，但在家长和考生眼里，这只是一张白纸。没有就业数据可以分享，没有成功校友可以列举，没有往年经验可以参考，甚至这所大学，都还没有自己的校园。

怎样将自己的信念感准确地传达给高中，考生及其家长？这也是我们真实的困惑。我们也将此写进了招生宣讲PPT——开篇振聋发聩："国内已有2000多所高校，为什么还要创建上科大？"这一过程也是梳理内在动力的必经之路。我们从中国科学院讲起，讲到张江高科技园产学研融合共通的精心布局，讲起校长和诸位创始院长建设一所与众不同的大学的初心，讲起我们站在十字路口肩负的历史责任，讲起我们直面时代的全人培养目标，我们把白纸剖开，向全社会展示筋骨和脉络。

2015年秋天，位于张江的校区落成，张江科学城诸多科研机构与产业界在这一刻融洽无间，浑然一体。中科路1号，不再是画给考生的饼，而是全体上科大人可以一笔一划在白纸上绘就的宏伟蓝图。在2016年的"校园开放日"中，来自全国14个省份的数千名考生，在崭新的校园里开展着合作性的团队活动项目，入住进崭新的三人间宿舍。我们很少宣传校园生活，毕竟舒适而惬意的日常，是很难被察觉的。

这一年开始，"校园开放日"报名量成倍增长，我们召集的评审教授和保障人员也越来越多，粗放型的团队活动体验不够用了。这一年也赶上各高校开展自主招生和综合评价的一轮热潮，但看成绩、看竞赛还是评价标准的主流。上科大想要坚持全面考查学生素质，就要突破这样一个困境：面对大量无法量化的综合素质档案，如何保证公平公正？我想，要坚持特色，就需要将所有的环节和内容，都置于合理的框架之下。我们开始高度关注细节，建立了初审—"校园开放日"综合面试两轮制，每一年录取结束后，都会根据家长、考生、评审等多方意见，调整细节，完善规则。就这样，无数考生和家长被打动，关注上科大，报名"校园开放日"，填报第一志愿。

2018年，首届本科生毕业。勇于吃螃蟹的200多名先行者，向社会交出了就业率100%，深造率高达72.8%的闪耀成绩单。我们笑说，本科招生工作人员终于扬眉吐气了。首届本科生"做不完的功课，听不完的讲座，参加不完的活动，没有水分的GPA"，是宣讲会上娓娓道来的故事，也是考生和家长脑海中理想大学的具象表达。

2019年，随着学校发展的需要，本科招生办公室从教学事务处中分离出来，成了一个独立的部门，扛起大家的信任和期待，我负责带领整个部门，集聚全校的力量，去争取那些富有创新精神的年轻人的青睐。

三、发展中蜕变

在我们的共同努力下，广大考生报名热情高涨，生源优质稳定，社会评价也越来越好，当然，这对我们的工作也提出了更高的要求。

想要再上一个台阶，第一个瓶颈是"酒香也怕巷子深"。上科大秉承了中国科学院系统的优良作风，谨慎、低调、稳重，甚至有一点神秘……这是社会公众对我们的第一印象。原有的招生宣传策略——聚焦在高三年级，每一个新的招生年都要"雄关迈步从头越"——已不再合适，摆脱宣传对象和宣传内容的单一性势在必行。围绕着实现长期影响力这一目标，我们积极拓展宣传平台，建立了全媒体宣传矩阵，公众号、视频号、抖音、哔哩哔哩、微博、学习强国等等，我们的声音可以抵达、覆盖更广泛的潜在目标群体。我们以招生年为单位，推出高中宣讲、城市宣讲、科普讲座、招生直播等配套宣讲活动，充分发掘目标群体；我们大刀阔斧地对招生宣讲内容进行调整，以小规模、高水平、国际化为切入点，深入解读"立志、成才、报国、裕民"的育人理念，全面展现本科生及全校在科研领域取得的进展，增进了目标群体对学校认可的转化度；在大开大合的招生宣传工作中，我们也时刻谨记不浮夸、不作伪的原则，优化宣传材料时也更注重在个性化、规范化、系列化上下功夫。2023年，招办推出由各学院本科生自制《本科生的一天》系列视频，获得广泛好评。此刻，新的招生视频也在制作之中，当你看到这篇文章时，可以尝试搜一搜"上科大本科招生视频"。

在18个省份精耕细作，仅凭招办5个人的力量恐怕很难实现。迫在眉睫的是动员对招生工作有热情、有想法的老师，一起循序渐进，稳扎稳打，铺开更广阔的天地。在充分调研兄弟院校之后，我们联系了各学院的招生负责人，着手组建常态化招生组。招生组按省份设立，招生组组长由院所领导、教授担任，设立招生主管协调招生组各项工作。本科招生办公室定期举办聘任仪式、招生组培训及沟通会。招生小组的成员是来自校内不同院所、部门，熟悉该省份情况的教授或工作人员，他们与高中、家长、考生建立更紧密的联系，第一时间关注各省的个性化问题，有针对性地开展各类招生活动，为招生工作的有序开展打下了坚实基础。

所有工作的开展也并不是一帆风顺的，我也会遇到令人头痛的问题。关注上科大的家长，有一个非常鲜明的共性特征——资讯获取能力和思考能力极强。家长会逐篇查看培养方案，逐字阅读招生简章，对比各高校口径上细微的差异；家长敢于质疑"校园开放日"的活动流程和评审标准，这样的疾风暴雨的监督与诘问，塑造了招生人时刻如履薄冰的谨慎，也是我们进步的强大推动力，"校园开放日"活动不仅要开展得规范有序，还要有余力探索新路径、新方法。2019年"校园开放日"，我们在学校纪委全程参与监督下，成功通过系统"三盲"（评审、考生、试题）抽签，保障"校园开放日"在全面、公平的基础上，提高评审效率并保障考核结果的精准有效。目前，我们的信息化系统已经日趋完善，涵盖校园开放日全流程、录取、招生组保障、志愿者管理等多个板块的功能，接下来还将重点优化培养成果反馈机制。2023年，在"校园开放日"报名筹备过程中，我们也广泛听取家长的意见，成功增设"自我介绍视频"上传模块，更好地展现考生的精神面貌。

白驹过隙，十年倏尔过去，在这十年里，我见证了历史，也为这宏伟的蓝图续薪助火；这十年里，我收获了成长，乘着上科大的东风奔向更广阔的天地。载一抱素，丹心炽热，回望当年的偶然，亦是明天的必然。胸怀惓惓之忱、矢志振兴的年轻人，欢迎你们报考上海科技大学！

【作者简介】

韩飞，上海科技大学本科招生办公室副主任。

天道酬勤：十年探索、十年实践

刘　勤

　　"上科大的学生制约少、舞台多，学生可以随时进入实验室、科研团队或项目组，在科研实践锻炼中激发自主研学的激情、播下创新创业的种子。"这是 2023 年 2 月来校开展本科教学工作合格评估的教育专家对上海科技大学校友的评价。

　　而此时是我调任学生事务处担任副处长职务的第 7 个月，是我在上科大从事的第 4 个主要岗位工作，也是我加入学校的第 11 个年头。

　　我是 2012 年 3 月加入上海科技大学的。2009 年，我从斯坦福大学交流回国后，很快就在复旦大学通过了学位论文答辩，取得理论物理的博士学位。我的第一份工作是中国科学院上海微系统与信息技术研究所的助理研究员职位，由于我博士期间研究课题领域的先进性，刚入职我就申请到了国家自然科学基金的青年项目。我本硕博都攻读物理专业，研究方向从理论物理、粒子物理到凝聚态物理，是典型的基础学科研究。记得当年我常常自嘲，只需要一台电脑、一支笔、一沓纸，我就可以养活自己。这样的研究工作持续了两年多，我开始有了困惑：我从事的是纯粹的基础理论研究，在应用型研究氛围更浓厚的环境下，常常是孤军奋战；我也同时观察到，研究所许多已评上硕导或博导多年的研究员，却一直无法招收培养研究生。机缘巧合，2012年初，我看到在上海浦东张江这块土地，将新建一所研究型大学的消息。经过深思熟虑后，我应聘了这所大学教学与学生事务处的管理岗位，经过多轮严格高效的笔试、面试和机测，我很快就收到了录用通知。扎根这所大学工作多年后，回头来看，当年我的很多疑问都得到了解答。这所大学的创办者们，在大学初创之时，做了高屋建瓴和影响深远的设计，大刀阔斧改革创新，这些也逐渐沉淀为上科大的文化和上科大人的烙印。在逐步了解学校建设大科学装置、承担大科学项目工作的过程中，已脱离学术研究多年的我，逐渐认识到当年我对理论研究和应用技术的理解其实是肤浅的。"重理论、轻技术"是我很长一段时间的心态，但当映射到"报国、裕民"的大背景下，这个想法其实很不成熟。我在后来十多年的工作中，每每遇到新老师对工作的不理解和不适应，我都会主动与他们谈心谈话，分享我的这段经历。没有说教，单纯地展现经历事实，通过分析每一个转折点的心路历程，期望增加新上科大人对学校文化的理解、启发更多的思考。一件有趣的事是，在我工作若干年后，当年负责招聘的一位领导与我聊起，学校曾经因为我的学历和工作背景而担心我能否适应行政管理类岗位。但事实证明，许多和我一样的上科大初代创业者不仅成功转型，而且长年扎根基层、艰苦奋斗、实干创业，不仅坐住了冷板凳，更形成了与这所学校相匹配的气质和文化。未能继续从事学术研究工作，我也从来没有后悔过，上科大提供给了我一个更广阔的舞台和天地，让我在学术研究之外的能力得以发挥和展现。十多年来，上科大每天都有

"新"的变化、面临"新"的挑战，即便从事管理工作，我也时时刻刻
被满足了追求创新的需要，从未感到过乏味和无趣，这也是上科大吸
引我的最大魅力所在！

我在上科大工作过的四个主要岗位，都是与学生培养相关的。

一、2012 至 2018 年

2012 年春，我与同期入职的丁莹老师来到上科大教学与学生事务
处工作。当时学校还没有自己的校园，借用中国科学院上海分院的一
栋两层楼的小洋房作为临时办公地，因其外墙仅做了简单的白色粉刷，
被我们第一批创业者昵称为"小白楼"。新成立一所大学谈何容易！在
全员共同参与学校筹建工作的同时，当时的教学与学生事务处的两项
最主要工作就是由我负责的"招生"和由丁莹老师负责的"培养"。最
初的岗位分工被坚持到了最后，充分体现了学校做精做细、长期耕耘
的精神。我在招生岗位一直工作到 2018 年，学校一路取得首届本科毕
业生推荐免试攻读研究生资格和独立招收研究生资格，并且首次独立
全流程完成研究生招生工作，才开启我的第二个岗位工作。而丁莹老
师，现任研究生院助理院长，一直深耕在研究生培养岗位，专注于学
位和学科建设工作，经历了学校首个博士学位一级学科授权点的突破
以及至今 8 个学术学位一级学科硕士授权点、3 个专业学位一级学科硕
士授权点、5 个学术学位一级学科博士授权点和 2 个专业学位一级学科
博士授权点的全过程。

一所研究型大学首先培养的是研究型人才，因此学校作出了研究
生招生先于本科生招生的决定。筹建中的大学，学位授权点为零，研
究生招生工作如何开展？ 2012 年 7 月 26 日召开的上科大筹建领导小组

会议为此指明了历史性的方向：将上海科技大学作为上海市首个创新型大学改革试点开展改革创新并先行先试。2013 年 1 月 23 日，学校向上海市教育委员会发展规划处提交《关于上海科技大学（筹）和中国科学院上海分院系统各院所联合培养研究生的报告》，明确了与中国科学院上海分院系统各院所联合培养研究生的两个基本工作设想和三个工作方案原则，内容主要包括：（1）研究生主要培养具有较强独立科研能力和创新能力的学术人才，培养能够解决企业实际技术问题的应用型和创业型人才；（2）博士生培养将采取指导小组制度、实验室轮转制度、严格的博士生资格考试制度，鼓励学科交叉等创新举措，探索人才培养新模式；（3）中国科学院上海分院雄厚的科研实力为开展联合培养提供支撑和保障，包括开放科研设施和技术平台等科技资源和当时已有的 11 个一级学科学位点和 60 个二级学科学位点等教育资源；（4）充分利用上海市与中国科学院的市院合作机制，与中国科学院上海分院系统各院所等共同开展招生工作，请教育部将联合培养招生计划直接下达至中国科学院大学，再由中国科学院大学下达至中国科学院上海分院系统各院所；（5）待上海科技大学正式获批建校招生后，联合培养招收的研究生的学籍全部转入上海科技大学，毕业后授予上海科技大学学位，待上海科技大学正式获批学位授予权后，将独立招生。

在十年后的今天看来，当时的决定和设想是极具战略性和开创性的。尽管在联合培养招收的研究生的学籍全部转入上海科技大学，毕业后授予上海科技大学学位这一点上经历了曲折的过程，其他全部按规划顺利落实，并且每一条都奠定了未来学校发展规划的基本理念。从 2012 年到 2017 年，其中遇到的问题和困难都是没有任何先例可因循、没有任何模式可借鉴的，上科大首批创业者本着一颗无私无畏的初心和开拓创新的勇气，一路披荆斩棘，走出了一条属于自己的特色之路。回首来路，学校的重大战略举措得到上级领导的大力支持！学校的具体工作得到兄弟单位，特别是许多可亲可佩的一线老师的无私帮助！也因缘这一段经历，我认识了许多可爱的人，一路走来，惺惺相惜，结成了战友情！感谢中国科学院大学招生办、学生处和网络中心的老师们！感谢中国科学院上海分院各研究院所研究生部的老师们！也特别感谢上海大学研招办的老师们！

　　有了方向和思路，当下首先要面对的难题是如何让考生、让社会知道有这样一所新建的大学；进而让社会各界了解这所大学的办学理念并有所认同，使得学校能够招收一批优秀的学生。这是一个艰难且需要长期积累的过程。在中国科学院上海分院系统各研究院所的大力帮助下，2012 年 7 月 15 日至 18 日，筹建中的上科大举办了第一期优秀大学生夏令营，来自全国 33 个省市 123 所高校的 212 名学生参加了此次活动。2012 年 9 月，在中国科学院上海分院系统各研究院所知名研究员的积极联络下，学校走进全国 17 所高校，开展了第一次全国大规模的招生宣传，举办招生宣讲会 20 余场、千余名学生参加，一时形成轰轰烈烈的"全民总动员、名师上前线、理念传四海"的热火朝天的景象。多年来，学校与许多知名大学建立了良好的关系，他们成为了学校的重要生源基地。当时因为人手少，常常是一位行政人员带领两三位教授负责一个片区，一天一个城市，甚至一天在多个城市转战，每到一处就立刻着手宣讲准备，甚至连饭都顾不上吃，往往晚上八九点刚结束，就立刻赶往机场和火车站，奔赴第二天的宣讲地。我记得有一次与龚晋慷副校长、杨旸院长和时任中国科学院上海高等研究院研究生部的王娜主任在第二天宣讲城市的机场落地时，已是凌晨 00:50 了。我们感慨万分并在机场合影，虽然已是秋日的凌晨，但我们个个都因沉浸在进步和收获的喜悦中而显得精神奕奕。虽然非常辛苦，但我至今仍非常怀念当时上下一心、校院一体、不分你我的工作氛围，不论再苦再累，心中总有一团火、一个目标和一支永远可以得到帮助的团队！

在学校录取的首届联合培养硕士研究生中，推荐免试研究生占 11.2%，985 高校生源占 40.9%，211（非 985）高校生源占 30.4%，可以说为学校品牌的创立打响了第一炮！而回头来看，上科大吸引的最初几届报考学子，包括后来的本科生招生，都是有理想、有目标、有激情，追求自主探索、自主发展和自我卓越的一批青年。进校后，学校在人才培养的政策和资源等各方面也不遗余力提供了创新、宽松和高效的支持，使得学校培养出了一批优秀的创新创业拔尖人才。

为积极准备首届联合培养研究生的入学，相关教学培养和学生事务工作也在逐步建立，而我主要负责学生事务的相关工作。2012 年 5 月起，通过调研上海分院系统各联合培养院所现行方案，结合学校办学定位和培养目标，学校制定了《上海科技大学 2013 级研究生奖助学金管理办法》，初步完成学校研究生奖助体系架构的搭建，支撑了研究生的在校学习和科研工作。2014 年，党中央、国务院将建立健全研究生奖助政策体系作为完善研究生教育投入机制的重要部分，密集出台一系列研究生奖助政策，同时决定从 2014 年秋季学期起，按照"新人新办法、老生老办法"的原则，向所有纳入全国研究生招生计划的新入学研究生收取学费。学校也紧密跟进，通过对标上海市其他高校及上海分院系统各联合培养院所，对研究生奖助体系进行了重新梳理和调整，结合学校实际，制定并向上海市物价局备案硕博研究生的学费标准，印发《上海科技大学研究生收费和奖助学金管理办法（试行）》，原《上海科技大学 2013 级研究生奖助学金管理办法》适用至 2013 级研究生毕业。在研究生全面收费的背景下，关心关爱家庭经济困难学生，开展困难学生认定工作，同步制定出台联合培养研究生"生源地国家助学贷款申请—学费缓缴绿色通道—家庭经济困难认定"三步措施，顺利解决联培研究生学费缴纳和贷款的问题。2014 年 6 月，中国科学院大学副校长一行访问学校，两校就学籍依托期间联合培养研究生参与中国科学院大学研究生评奖评优等事项的政策和具体操作达成共识。自此，联合培养研究生的学生事务相关工作理顺，充分体现了学校"以生为本"的培养理念。

学校如同一辆充满了电力的列车，在高速路上风驰电掣。其间，我有幸参与了以下工作：2015 年，学校与中国科学院大学联合招收培养博士研究生，首届 2013 级部分联合培养硕士研究生，通过严格的博士生资格考试，开始攻读博士学位。2016 年，学校开展"上海科技大学实施高水平研究生教育综合改革项目"，教育部支持学校在上海市教育综合改革框架下探索高水平研究生综合改革试点。2017 年，学校新增成为推免高校，首次开展推荐优秀应届本科毕业生免试攻读研究生工作。2017 年，学校开通教育部研招信息网独立招生账户。2017 年，物理学、化学、生物科学、材料科学与工程、电子信息工程和计算机科学与技术等本科专业获批学士学位授权。2018 年，学校新增成为博士学位授予单位，同时新增材料科学与工程一级学科博士和硕士学位授权点。2018 年，学校首次顺利零差错完成研究生招生考试自命题和初试考务工作。

回顾十年的前半段，上科大首批创业者的工作是非常"粗线条"的，岗位分工没有那么明确，一切都以学校发展为中心，紧跟学校发展进程的洪流，建立一个目标、达成一个任务、步入一个阶段，既能做开拓性的设计思考（能文），又能具体落地实施开展（能武）。正是这样的锻炼，培养出一批"管理多面手"。

二、2018 至 2021 年

2018 年是上科大学生培养的"小满贯"之年。这一年，学校迎来了首届本科毕业生和首届联合培养博士毕业生，并第一次对外发布了毕业生就业质量报告。学校首届本科毕业生就业率 100%，其中境内外深造率 73%。

我也是在这一年逐步从研究生工作转入了本科生培养，既从事本科生培养方案和专业建设等宏观内容的工作，又具体负责教学计划与教学运行等微观事项的执行。宏观的工作可以开拓视野、提高工作站位，深化对于工作内涵的理解；而微观运行的工作，则能够帮助了解教育教学的客观规律、引发对问题的思考，最有意义的是，通过一个个案例，能让符号化的教师和学生变得生动而鲜活。回顾十年，我最感谢的，就是这一段极为宝贵的教学培养宏观与微观充分融合的工作经历！我后来先后调任书院和学生处，从事学生管理工作后，深刻地感受到正是得益于这一段经历的底蕴厚积，才让我在学生管理的工作岗位上顺利薄发。而这样一种没有界限、不受拘束乃至天马行空的岗位设置，我相信只有在上海科技大学的机制里才能实现！回顾学校十年的发展，这几年时间，也恰恰是学校从 1.0 版向 2.0 版高质量发展的过渡期。

建校伊始，学校本科生培养就确立了"宽口径、厚基础、复合型、交叉型"的指导思想，遵从"通、专、新"相融合的基本原则。本科生培养实行完全学分制，在 4—6 年内修完规定学分达到毕业要求后授予学士学位。学校创新学业预警机制，"学院＋书院"联动，及时掌握跟进学生的学业情况。2018 年，由教务处牵头，学校主动面向第一届本科毕业生开展了学习成效调研。以此调研为基本出发点，通过与本科生培养单位逐一座谈和教学委员会研讨，前后历时 5 个月的时间，学校完成了对本科生培养方案的第一次修订。这次本科生培养方案的修订，在总学分设置、培养方案结构的清晰度以及不同专业需求的差异性上都作出了突破性的改变，并在其后五年内没有做大的调整。我有幸全程参与并负责相关组织协调工作。2019 年，我又负责 2015 级本科毕业生的学习成效调研工作，并独立完成一份 52 页的调查分析报告。通过对前两届本科毕业生的调研，我们发现，学生选择就读上科大的主要原因是认同学校的培养理念，认为培养模式新颖；对学校的培养达到自我预期的满意度高于对自己在校期间表现的满意度；对所就读的专业满意度最高的是专业的前沿性；认为学校培养对个人素质能力提升最大的前三位依次是自主学习能力、科研能力和问题的解决与分析能力；80% 以上的本科生在大三前就进入课题组开展科研实践、大四学生 100% 进入课题组开展科研实践，参与科研实践的本科生平均每周投入时间 8 小时以上。

这期间，学校着力专业内涵建设，陆续设立了 11 个本科专业，以理工科为主，部分学科专业已经产生一定的影响力。物理学本科专业于 2019 年获批成为首个省级一流本科专业建设点，建设至今，其中已有国家级一流本科专业建设点 1 个、省级一流本科专业建设点 4 个。

三、2021 至 2022 年

2021 年 10 月，我调任上道书院担任助理院长，同时协助分管书院联合办公室工作。在书院工作的 9 个月，是我挑战最大、思考最多、效率最高、收获最丰的一段时间。这段经历使我在学生培养院所的工作经历更加完整，为我后续在学生事务处领导一个部门奠定了必要的基础。

"书院制培养"在现代大学体制里已很常见，但其内涵和形式却还没有形成统一的认识，不同大学的"书院制培养"各有特色、百花齐放。上科大建校之初，就在章程里明确，学校设立书院，书院是组织实施学生综合素质培养的单位。2022 年学校修订章程，进一步明确，书院是对本科生实施综合素质培养的单位，书院的学生培养服务资源向全校学生开放。

作为一名书院新兵，我到书院工作后，第一件事就是学习。向兄弟高校学习他们的书院特色和好的做法，向学校书院领导及同事们学习建设的初心和设想、了解过程中的经验和问题。这一时期也恰恰是学校书院转型的开创期，学校由建校之初的一个大书院（与学生处合署办公）设立了上道、科道、大道三个书院，书院被定位为学生培养单位，而不是管理职能部门。每个书院的实体依托一栋本科生宿舍楼建设；结合学校实际，还创新性地设立联合三个书院的办公室，协调、统筹和管理书院的共享资源。2021 年 9 月，新一级本科生入学时，每一名本科生，除了专业学院的归属，也有了彼此不同的书院身份。这一年的开学典礼日，每个书院都组织了别出心裁的迎新活动；在后续的建设和探索过程中，三个书院也都力图继承并发扬以往的优势做法，同时不断创新特色，围绕学校的人才培养目标，努力实施学生综合素质培养。

如何实现学校的人才综合素质培养目标，是书院工作永恒的命题，但这个命题却永远没有标准答案！这也是我在书院工作遇到的最大挑战。我要由衷感谢朱志远副校长在百忙之中与我多次的思想碰撞和工作交流，每次我都醍醐灌顶、深受启发。我也非常感佩上道书院胡金波创始院长在上道书院创建思想上的高屋建瓴和对具体工作的谆谆指导，使得我在每一个转折点都能有明确的方向和指引。

在校领导和书院院长的领导和支持下，我在上道书院任职期间，做了四件事。一是建设上道书院管理队伍，梳理联合办公室工作条线。我很高兴地看到上道书院的两位老师至今同心协力、各展所长、相互支撑，把上道书院建设得有声有色。二是学习理解创始院长的创院思想和育人理念，尝试由此搭建出一套由"文化环境、导师引领、学生队伍、活动培育、课程教育、管理支撑"组成的育人六面体工作体系，并推进落地。三是组织完成上道书院标志和书院导师聘书设计、书院网站建设，以及书院庭院设计咨询等一系列书院文化建设工作。四是加强书院作为一个学生培养单位的教学功能，建议成立书院联合教学分委员会，规范书院教学工作，并在上道书院首开新课程。在书院特色社会实践和产业实践课程方面，推进实践教学授课工作量认定，落实新增四川广元3个社会实践基地点，拓展宁波慈溪产业实践基地点。我衷心希望这一系列开拓书院作为学生培养单位体制机制的工作，能为书院后续发展奠定一个良好的基础。

四、2022 至 2023 年

因学校工作需要，2022 年 7 月，我火线调任学生事务处担任副处长工作，这是我第一次独立领导一个部门的重要工作。学生事务处融党委学生工作部和校团委于一体，党政机构合署办公。在校领导的带领下，不到一年的时间里，新部门积极推进校团委班子调整，完善基层团组织建设；规范"团推优"制度，助力本科生党员发展；加强思想引领，举办第一期"青年马克思主义者培养工程"研修班；提升志愿服务，成立青年学生科普讲师团；开展青年研究，凝练形成独特的大学精神与风貌。

在这个平台上，我有机会对学生培养工作作更多全局性的思考。在即将到来的第二个十年，学生培养将进入内涵式发展。我们将重新梳理现有优奖资惩的制度体系，拓展综合素质评价，使之成为一套适合学校办学特点、管用有效的评价制度和奖惩激励机制；强化研究生生涯指导，协同研究生院和各学院开展研究生软实力提升的探索与实践；建立毕业生持续跟踪调查与反馈机制、鼓励更多学生到祖国急需的基层就业；进一步完善本科生"学院＋书院"协同育人和研究生基于全员育人的学生工作管理体制和机制创新。

经过十年的积淀与孕育，上科大学生培养探索出了一条属于自己的道路。学校招收适合上科大培养模式的学生，学生培养注重激发学生自我驱动的内在动力、鼓励学生自主钻研、勤奋进取、个性化发展，播下创新创业的种子，并为之创造充分的条件。从历届毕业生就业去向来看，本科生深造率高居全国前列，就业毕业生前往国家重点战略性新兴产业就业比例超过三分之二，毕业生创业案例涌现，可以说第一个十年为培养从事科学发现、高技术创新与新兴产业创业的德智体美劳全面发展的拔尖创新人才递交了一份满意的答卷。

天道酬勤！回顾十年探索实践路，谨以此文向学校建校十周年献礼，相信上科大人在未来的日子里仍将行而不辍，相信上科大未来可期！

【作者简介】

刘勤，上海科技大学党委学生工作部副部长，学生事务处副处长。

营造独具特色的人文通识教育

周　华

2013 年 11 月 1 日，我来上科大报到，正式成为学校第一位"本科教学主管"。从 2014 年 9 月第一届本科生入学开始，作为一线教学的服务者、通识教育的落实者，我深度参与了上科大本科教育的许多工作，见证了人文通识教育从积极筹备、不断改进，到基本成熟的全过程。

十年来，按照学校的要求，我先后在教学与学生事务处、通识教育中心和人文科学研究院服务。虽然前后更换了三个部门，但我的工作重心一直是本科生通识教育，个中甘苦，如鱼饮水，但能够见证自己投入了绝大部分时间和精力的这项事业逐步走上正轨、独具特色，还是难掩激动，与有荣焉！

一、搭框架，找好课

上科大本科生的通识教育，尤其是人文通识教育的发展历程，可以大致归纳为三个阶段。从 2013 年到 2016 年，是我们学校通识教育的"筹备期"，也是最困难的阶段。万事开头难，所有工作都得从零开始，最主要的任务就是"搭框架、找好课"。

首先要"搭框架"。学校的本科教育秉承"宽口径、厚基础、复合型、交叉型"的培养原则，创校伊始就确定了"通""专""新"的本科培养特色。有了理念与初心，还要有详细的"规划图"与"施工图"，确保能够稳步推进、达成目标。教学工作的规划图就是培养方案（教学计划），以及各课程模块的教学方案、修读要求等具体内容。搭好培养方案这个"框架"，才能明晰课程体系、教学需求。经过三年的实践摸索，2016年12月，我执笔起草了适用于2014、2015、2016三个年级的本科培养方案完整版，首次完整呈现了我们学校本科培养方案的基本结构，具体地贯彻了创校伊始校领导对本科教育提出的理念和要求，明确了教学运行的基本制度。这一版的培养方案名称冠以"2016年"，而没有称"2016级"，就是因为这一版方案体现的是创校阶段这三个年级的培养要求。

第一版培养方案，除了确保科学和规范，同时充分体现上科大的本科教育理念，即强调"通识教育和专业教育相互融合"之外，首要任务是搭建起创校阶段课程设置的基本框架，为学分制课程体系的长远建设预留开放且可行的施展空间，在一定时期内，还能够不断加以修订和完善。第一版培养方案的课程体系总计149学分，由通识教育课程、专业教育课程、任选课三大板块构成。其中，通识教育课程中的自然科学类学分与专业教育课程学分，由各培养学院打通使用。任选课10学分由学生自主选课完成。除此之外的人文社科类通识课程及学分要求则由学校统一规划设计，各专业一致。第一版培养方案明确了学校和学院在本科各专业的培养方案设计上"分工负责"：学校统一作框架设计，统筹安排人文社科通识课程及学分要求；各学院、各专业自主设计自然科学基础通识课程和专业板块的学分要求，经学校教学委员会审核后付诸实施。这一工作模式延续至今，后续每个年级的培养方案都是遵循这个先例制定的。

对于学生在英语、体育等方面的通用能力，这一阶段我们也贯彻了学校的人才培养理念和校领导的具体意见，形成了明确的课程要求和执行办法。在英语教育上，采取无学分要求的"通过制"原则，针对不同基础的学生"分级施教"。在体育教育上，引入"俱乐部"方式，为学生提供丰富多彩的体育项目选择。至此，通过第一版培养方案，上科大的本科教学基本框架初步搭成，学生要在上科大获得本科文凭，需要修读的课程清单、学分要求都一目了然了。

有了框架，还得落实内容。"找好课"成为创校初期工作的重中之重。一所好大学，就得通过"好老师"提供的"好课程"培育"好学生"。但在初创期，最难的就是缺人手。各学院的师资招聘工作刚起步，师资缺口大。而对于没有学院和学科依托的通识教育课程来说，师资缺口就更大了。学校在2013年就与上海市11所高校签订了校际合作协议，邀请了这些高校分管教学工作的校领导、教务处长担任学校教学顾问委员会委员。这11所高校包括了复旦大学、上海交通大学、华东师范大学、上海外国语大学、上海大学、上海戏剧学院、上海音乐学院、上海体育学院、上海中医药大学、华东政法大学和上海师范大学。通过这些高校推荐的教师，以及国内外名校短期来沪访问的教授们，形成了较为稳定的外聘师资队伍，同时也储备了一批课程，保证了初创期通识课程教学的开展。另外，根据培养方案所需，我们还从上海社会科学院等校外教学合作单位寻找教育资源，以满足本科

2014 年 7 月 3 日，江绵恒校长（左三）一行访问复旦大学，探讨两校合作开展思想政治课程、人文学科教学事宜，并就生命科学、微电子学、物理学等领域的深度合作交换意见

生的教学需求。那些成建制提供教学资源的团队负责人，和我们一起讨论各模块的课程实施方案，为我们把通识教育理念落到实处作出了很大贡献。

二、逐步整合，提升质量

从 2016 年 6 月到 2019 年，是上科大的通识教育逐步转向整合提升的阶段。2016 年 6 月 21 日，学校成立了通识教育中心，具体承担通识课程体系研发、课程建设、教学质量保障及师资建设的职能。学校时任副书记、副校长鲁雄刚任通识教育中心主任，工作人员最初则只有两位。后续两年内，通识中心全职工作人员达到五位。这个阶段，通识中心每学期要保障近三分之一的本科教学资源，包括思政课程、文明教育通识核心课程、文学与写作、英语课、数学基础课、体育课、综合素养通识选修课程等。要安排好这些教学工作，最重要的还是得用好校外教学资源。经过一段时间的磨合，我们摸索出了与校外教学资源合作较为稳定的模式。一类方式是与专业机构合作，由他们具体组织师资授课，主要覆盖了一些必修课程和重点建设的课程——如体育、英语、文明教育等；另外一类则是通识中心遴选延请校外优秀师资，开设出丰富多彩的通识课程，丰富课程内容，为学生提供充裕的选择空间。

在这个阶段，一方面需要找"好课"，另外一方面也更加强调课程质量。我们设计了公开征询课程的办法，"广发英雄帖"，按照上科大的学生需求，给愿意来上科大上课的老师公平竞争的机会，同时也提前告知教学管理制度，强化教学质量。我们聘请了具有丰富经验的外语教学专家来校听课把关，为教学质量保驾护航。

在这一阶段，本科培养方案也逐年进行了调整。比较大的调整是2018级的培养方案——经校教学委员会审议，学校把本科生总学分要

2016 年 6 月 28 日，时任副书记、副校长的鲁雄刚（右二）与通识教育外聘教师座谈

求降至 140 学分，简化了课程分类，突出了通识核心必修课，使得培养方案更加简明。

2018 年 7 月，上科大首届本科生圆满毕业，这也标志着我校完整进行了一个轮次的本科教学实践。在人文社科通识教育方面，我们在初创期虽然采取了大量借助校外教育资源的做法，但换个角度来看，这意味着前几届的上科大本科生享受到的是全上海乃至全国的优质通识教育资源。从学生的反馈来看，这种务实、灵活、高效的做法受到了欢迎，成效显著。

从 2019 年至今，学校逐步组建了自身的通识教学力量。继 2018 年底数学科学研究所成立后，2019 年 6 月 30 日人文科学研究院成立。学校聘请了复旦大学哲学学院张汝伦教授担任院长。从 2019 年开始，加速引进全职的人文学科师资，重点建设哲学、历史学、中国语言与文学、外国语言与文学等学科。截至目前，人文科学研究院已经拥有常任教授序列和教学教授序列共三十余位中外籍全职教师。学校也逐步调整了通识教育的责任单位。从 2018 年开始，艺术类通识课分别转由创意与艺术学院负责。2020 年起，数学、体育、科创类通识课转由数学科学研究所和书院组织开设。截至目前，虽然仍有部分课程由外聘教师承担，但这只是作为教学力量补充。

回顾上述三个阶段，最困难的显然是第一个阶段。首先，难在缺人。创校初期，不仅师资缺口大，教学组织工作人力也非常紧张，许多繁杂的具体工作在其他高校是一个部门负责，而在上科大就可能得落在一个岗位上，甚至一个人不得不兼顾多个岗位的工作。万事开头难，大家以往的经验也不尽一致，具体工作的开展方式都得靠摸索与磨合。其次，难在建章立制。学校的教育理念、培养原则很清晰，但着落在培养方案、课程体系、修读要求等具体环节上，都需要不断探索求新。教学基本运行规则和相关制度也需要细化协调，例如校历、教学作息等，我们还需要结合上科大自身需求逐项研究确定。第三，难在时间紧张。教学运行有它自身的规律性，时间节点清晰，容不得半点拖延，在"提前量"不足的情况下，我们必须在限定时间内准备好一切，按时开课、保障质量。第四，难在硬件。从2013年到2016年，我所在办公室就先后搬了七次。在紧张进行教学筹备工作的同时，我们还得考虑到学校的硬件建设节奏、教学环境条件。这段时间，每天工作十四五个钟头、周末和节假日照常加班就成了我的常态。

三、新生军训和"壮观"的体育课

2014级上科大本科生的入校第一课是军训。2014年3至4月，我当时所在的教学与学生事务处连续两个月全员无休，都投入招生工作中。到了4月底，作为本科教学主管，我压力倍增，因为第一课——军训具体怎么安排还没着落。上科大校园当时还在建设之中，虽然学生宿舍可以在开学时启用，但准备期非常紧张。所以，安排在校外进行新生军训，一方面可以给宿舍的准备工作多留些时间，另一方面，军训期间也适合开展必要的新生教育活动。

经向市教委体卫艺科处咨询，他们推荐了市国防教育协会的张国清教授。张教授开着车带着我一天之内跑了三百多公里，看了三家军训基地。最后，我们选定了位于青浦区朱家角的东方绿舟（上海市青少年校外活动营地）。我们和东方绿舟的教官作了多次沟通，整合所有新生教育活动内容后，起草了一份时间具体到分钟的新生军训和教育活动日程手册，把十六天的活动内容安排清楚。现在翻看这份日程表，十六天的活动体现了当时学校各学院、各部门喜迎首批本科生的心意，精彩充实、温暖周全。学生报到前两天，江绵恒校长来到东方绿舟查看了相关准备落实情况，确实如同父母关爱孩子一般，令人记忆犹新。

创校初期，第一、二届本科生上体育课的场景可谓"壮观"。因为我们第一、二届本科生的体育课是集体坐着大巴去上课的，每周三中午，最多时有 10 辆大巴停在浦东海科路 100 号门口，400 多位同学集体坐车，去位于杨浦区的上海体育学院上体育课，无论从海科路 100 号门口发车，还是到长海路体院下车，10 辆大巴看上去浩浩荡荡，确实挺"壮观"。

学校对于体育教育的要求是希望每位本科生在校期间能熟练掌握一至二项体育运动的基本方法和技能，形成自觉锻炼的习惯和终身锻炼的意识，教学形式则希望是类似"项目俱乐部"制式的。为此，我们与上海体育学院体育教育训练学院商议确定了具体方案，很快落实

2014 年 9 月 16 日，上海科技大学召开首届本科生军训动员大会

了羽毛球、网球、足球、篮球、跆拳道、游泳、击剑、健美操、乒乓球等项目的师资，落实了在体育学院开展各项目教学的专业场地，满足我们的体育课需求。

那时，每周三中午，2014 级和 2015 级本科生 400 多位同学集体乘车去上体育课，最多时有 10 辆大巴，浩浩荡荡，蔚为壮观。这段经历也成为 2014、2015 级同学们独特的校园回忆。

上科大的体育教育受益于上海体育学院的鼎力支持。2017 年 10 月，江绵恒校长携上科大领导班子和相关部门负责人访问了上海体育学院，与上海体育学院领导进行了深入交流，共同探讨契合理工科学生特点的体育育人模式。从 2016 年开始，学校又邀请了原上海大学体育学院院长程杰教授协助管理体育教学工作，直至现在。2020 年春学期起，体育课的管理移交给了书院，成为上科大书院教育非常重要的组成部分。

四、文明教育项目

上科大通识教育的特色之一，就是每位本科生在学期间都要修读"中华文明通论""文明经典"等人文通识课程。

上科大的人才培养目标是"具有强烈社会责任感、对科学技术有较深刻理解和认识、能进行跨文化跨学科交流沟通和团队合作、具有创新创业精神和国际视野的未来科学领导者、技术创新者与革新企业创办者"。要开拓学生的眼界与胸怀、实现这样的培养目标，仅靠专业教育当然无法实现。建校伊始，校领导就密集召开了一系列有关文明教育项目的专题工作会议：

2014 年 4 月 27 日，校领导行政办公会专题讨论了文明教育的方案设计，当时商议本科阶段要开设中华文明史（2 学期 4 学分）、世界文明史（2 学期 4 学分）、中国哲学（2 学分）、西方哲学（2 学分）等通识必修课程。

2014 年 5 月 22 日，江校长、印校长与《文化纵横》杂志主编杨平以及复旦大学哲学学院丁耘、吴新文两位教授见面，商议启动中华文明教育项目，组建相关项目团队。2014 年 6 月至 7 月，在鲁雄刚副校长的带领下，我们和复旦团队多次沟通，丁耘、吴新文两位教授组织起草了中华文明项目方案初稿，形成了五门课程（共 12 学分）的课程体系，包括：中华文明通论（上、下，4 学分）、世界文明通论（2 学分）、中华文明经典导读（2 学分）、世界文明经典导读（2 学分）、科技文明专题（2 学分）。

2014 年 8 月 5 日，学校召开中华文明教育项目专家咨询会，邀请了曹锦清、干春松、甘阳、贺雪峰、江晓原、刘小枫、童世骏、吴晓明、谢遐龄、杨志刚等学界知名专家学者就这 12 学分的中外文明教育项目方案进行研讨，为我校人文通识教育出谋划策，江校长出席会议并参与了讨论。

在之后的两年内，以该项目为纽带，我们组织了数十位国内文史哲背景的中青年学术才俊，编写了《中华文明通论》《世界文明通论》讲义稿（《世界文明通论》于 2015 年 2 月正式启动），并进行教学授课。项目学术团队的核心成员除了复旦大学的吴新文、丁耘，还有北京《文化纵横》杂志主编杨平、副主编陶庆梅，同济大学韩潮，华师大孟钟捷、李磊以及复旦大学王涛、张奇峰等十余位国内名校的专家学者。2014 级、2015 级两届学生，顺利地完成了 12 学分的课程学习。

文明教育项目实施过程中，也遇到了很多具体的困难。首先，讲义编写难度超过预期，以致原定的最初"中华文明经典导读""世界文明经典导读"两门必修课放弃了编写统一教材讲义的计划，扩展为模块式的经典著作选读课，供学生选修。其次，教学力量欠缺、教学组织复杂，"中华文明通论"和"世界文明通论"在第一、第二轮开课时，由相应的讲义章节撰写者负责授课，但团队成员分布全国，又要提供覆盖全年级本科生的"硬课"，教学工作上的协调难度可想而知。从2017年春学期开始，这两门课教学工作转为依托华师大历史系组织开展，由孟钟捷和李磊两位教授牵头，形成了更为稳定的教学团队（包括协助组织讨论课的大量研究生助教）保障了两门课教学的顺利实施。再次，这种围绕通识课程展开的项目合作模式，对行政管理提出了新挑战。每学期数十人的教学团队，老师和助教都是外聘的，与合作高校进行经常性的联络、安排以及发放课酬、提供教学保障，这些琐事事务都需要持续协调到位。总之，要确保教学工作保量保质，背后的管理和服务殊为不易。

积极积累经验，顺应形势发展，文明教育项目在随后的几年里也进行了不少调整，也可以体现出上科大在人文通识教育方面不断与时俱进的特点。课程方面，2016级本科生培养方案中，原先分列的"中华文明经典导读""世界文明经典导读"两个课程模块，整合为"文明经典导读课程群"，修读要求也从原来的共计4学分，改为2学分。与此同时，文明教育项目与思政必修课程统筹兼顾，进行了总体设计。对2017级，"中华文明通论"由两学期共4学分课程，改为一学期3学分课程，部分教学内容归入"中国近现代史纲要"。"世界文明通论"和"科技文明通论"二选一，修2学分即可。教学师资方面，2018秋学期开始，"中华文明通论"由人文院全职教师刘勋承担；2021春学期开始，"世界文明通论"由人文院全职教师刘禹汐承担；2021 秋学期开始，"科技文明通论"由人文院全职教师邹亚文承担。至此，作为上科大人文通识教育的"旗舰项目"——文明教育项目基本完成了从教学内容到教学形式上的探索试验，较为顺畅地转为由上科大人文院自主承担。

在联络校外教育资源的过程中，我们也得到了非常多的支持和帮助。特别是上海人文社科学界的许多专家学者，例如最早带领团队开设"法与社会"课程的上海交通大学季卫东教授，上海社科院中国马克思主义研究所的黄凯锋所长、陈祥勤研究员及其团队，上海大学马克思主义学院的焦成焕副院长，复旦大学马克思主义学院的胡志辉老师，参与文明教育项目的众位专家学者等等。篇幅有限，恕不一一列名致谢，心念感恩。

【作者简介】

周华，上海科技大学人文科学研究院办公室主任。

将创业实践教育贯穿科技成果转化全过程

王 杰

在我的职业生涯中，经历了"教育与科技、科技与产业、科技与投资、科技与创业、科技与创新、科技与孵化，最后回到上科大做科技（成果转化）与教育"，幸运地经历了"从教育与科学研究，再回到科研成果转化与教育"的全过程轮回。毫无疑问，这个经历是独特的！在信息技术行业，我从事过高等教育、科学研究、产业布局、投资、公司运营、新技术研发与市场营销、创业与孵化等工作，我收获的是经历、跨界和认知。科技成果转化是认知的变现，认知决定行为，行为决定动作，动作决定结果。我认为最应该传播的应是认知，这也决定了我的使命：做科技成果转化和创业实践的启蒙教育，将实战实操实践的体会融入实践教育！启蒙教育是成果转化基石，情怀和使命是推动成果转化的原动力。

一、肩负教育使命，再见了名与利

启蒙教育是推动高校科技成果转化的基石。这是后来我创立创业早期学堂的本意，其核心含义是，在师生科技成果转化和创业实践过程中，以师傅带徒弟的方式口口相传方式，传播认知、视角、运作方法、对未来的前瞻，通过这个过程，我相信能为师生至少提供一个视角、一种方法、一点认知，对师生进行科技成果转化、未来创业和工作都有所裨益，哪怕是一句话、一个观点对师生有启发，都是值的！这不是举办一场讲座、一场路演活动就能达到的效果，这是课堂教育不易达到的，属于俗称的"软实力"。纵观国外高校优秀的创业课程，会发现讲授者大多有创业经历，这是国外大学的最佳创业教育课程的讲授优势所在。

近十年，我去过国内一些顶尖高校看项目，触发了我对原始创新孵化科创产业种子的深度思考，我调研了30余个国家顶尖高校院所的科技成果转化体系，从政府、研究型大学、高校院所科技成果转化、创业教育、创业生态、早期风险投资、早期资本市场、早期科技产业孵化、地域文化、高新技术产业、创新经济、国家创业体系等维度和层次，浏览了数万篇学术、产业、投资、政府等相关研究论文和文章，发现不少实际事实与各界众说纷纭的论点有所不同。

基于对全球经济发展状况的粗略了解，结合国内一级资本市场和企业的发展现状，以及大学科技成果转化大势的触发时机和业务实质，我预感科创时代大势不久就会来临，建议科创中心要同时孵化科创产业种子，提出了建议思路和行动计划，最终自己也跳进高校科技成果转化领域，通过帮助师生成果转化，传递善意（Pay-it-forward）来回报中国科学院的培育之恩，以情怀与使命感作为原动力，去做最难的生意——高校科技成果转化！

二、确定使命任务，探索破局之路

我深知学术领域与商业领域、大学与企业之间有着天然差异。在科技成果转化领域，国内外已实践数十年。2019 年学校成立了科技成果转化的职能部门——技术转移办公室。我是部门"创始人"，俗称光杆司令。先摸"家底"，我到科技发展处梳理专利数，到人力资源处调研教授到校时间以及获得常任教授的数量，到学生事务处和上科大书院了解学生参加国内外竞赛情况，以及学生毕业就业情况等。看到的事实很严峻，摆在面前的事实是：学校建校第 6 年，毕业了本科生 2 届、博士生 1 届、硕士生 3 届，申请的专利数不足 200 件，本校教授 200 余人都在全力以赴做教学、科研和服务。

面临的问题是：谁做转化？谁创业？如何推动专利转化许可，突破点在哪，如何在短时间看到结果？因工作急火攻心，我病了。既来之则安之，结合过往实践经历和阅读过的文章，我制定了技术转移办公室第一个阶段的使命和任务：

跨界引领创新创业生态，营造创新创业氛围，运营自主知识产权，孵化早期技术和初创企业，促进创新创业的实践教育，扩大创新创业对产业和经济的影响力，践行学校使命，作出时代贡献。

2020 年 5 月，清华大学的启迪控股和启迪之星代表团来校访问。他们介绍了科技成果转化、全球化的成果转化全球网络，以及数千亿产值业绩等，而我只能介绍上科大科技成果转化理念和思路。代表团领导总结说，上科大成果转化会是国内高校中一种新理念新做法。我知道，那是鼓励，估计那个时期，仅有为数不多的朋友会"信以为真"。但我坚信这种理念和方法可以实现，要融合企业经营方法和高校管理体系，想象着或许能走出一条"70% 企业做法，加上 30% 大学做法"的科技成果转化之路。虽说成果转化不同于传统商界生意，是一种不是生意的生意，但毕竟还是生意，发达国家也有"Science + Business = Success"（科学 + 商业 = 成功）理念及最佳实践。

2019 年 4 月 16 日上科大未来科学中心讨论会议上，我基于预测和想象，我大胆地提出一个"大目标"：到 2023 年底拟衍生上科大 35 家左右企业（采用上科大技术的公司），这个数字一直伴随着技术转移办公室第一个阶段任务目标，我知道有点天方夜谭，唯有努力，万一能实现呢。

为了寻找业务切入点，我下沉到各学院和研究所调研。后来又下沉到与每位教授进行 1 对 1 交流，在校园路上、教工餐厅、咖啡厅、会议室、办公室、西餐厅……2021 年底我已与全校 40% 以上的教授（超过 80 位）交流过，多数是数次数小时交流；与此同时，我还与投资界产业界的朋友交流，希望形成早期技术转化和融资的朋友圈，即创新创业和科技成果转化的生态，一家一家对接，由几家发展到 17 家，直至今天超过 100 家早期风险投资机构，最终形成 200 余家上科大科技成果转化全要素生态圈。

三、"我们都在做教育"，创立早期学堂

众所周知，高校专利转化有两类用户：现有企业和新建企业（师生创业）。现有企业更需要短期科研成果，发达国家统计的这个数据大约 20%，而研究型大学的科研成果中大多数是中长期，需要早期风险投资机构支持。因此，鼓励专利多的常任教授兼职创业就成了工作重点，实际上，教授兼职创业又是一个难题：谁去创业，什么样的教授

创业模式才可持续？

对于一所新建大学，首先还是要开启师生的科技成果转化意识，从传播认知开始。2019年，我开始了OTT-Talking（技术转移说）之旅。我参与了创业与管理学院陆丁副院长为一年级新生开设的"设计思维"课程，讲授了一堂课；然后与图信中心、科技发展处联合举办三场"专利工作坊"，针对学校的三大学科——物质学科、生命学科、信息学科，与科技发展处联合举办"默克助力专利沙龙"；独立举办"创业那点事"（大信会计事务所主讲）、"创业、产品、人生"（联育孵化器主讲）等讲座。经过半年实践探索，发现只是蜻蜓点水的举办几次讲座是不够的，还是要持续开展创业实践和成果转化的启蒙教育。

我择机给江绵恒校长作了5分钟汇报。我说，"看样子作为行政部门的技术转移办公室还是要开展创业实践教育。"江校长肯定了我的想法，他说："我们都在做教育！"从此，我下决心再次跨越部门业务界限，以高校行政部门开展实践启蒙教育。2019年我联合各方举办了8

2019年暑学期，王杰参加本科生"设计思维"课程教学活动，并在上科大教学中心授课

场讲座，授课 5 次。

2020 年初发生新冠疫情，我预感到可能有一波科技成果转化的融资机会，要加速系列化传播创业实践认知，尽快找出做成果转化和创业的教授，以案例带动整个学校成果转化工作。

2020 年 3 月份开学，我策划了 6 场讲座（2020 年最终实际举办 31 场讲座），创立了"创业早期学堂"，开启"并举创业实践教育与科技成果转化之旅"。创业早期学堂有两个目标：促进实现科技成果转化任务，培养创业人才。

创业早期学堂聚焦于物质科学（新能源 / 新材料 / 环境 / 高端制造等）、生命科学（生物医药 / 医疗器械 / 医疗健康等）、信息科学（新一代信息技术 / 人工智能 / 智能制造等）的科研成果转化让师生了解从科学家到企业家的思维转变过程、技术从实验室到市场产品的转化过程、产业界和投资界发展趋势、物质科学 / 生命科学 / 信息科学的科创产业链，以及早期技术商业化和早期创业案例等。

创业早期学堂从 2020 年 5 月 20 日开讲，至 2023 年 5 月已创立 3 年，累计举办 79 期公益性讲座和专场路演等公益性活动，其中 92% 的主讲人是风险投资人、企业高管、专利律师等。实际上，仅有讲座和专场路演是不够的，更重要的是创业早期学堂与专利申请、专利转化、创业、融资等实践过程相结合，以"师傅带徒弟的方式口口相传"深入交流和培育。这是技术转移办公室创业实践教育的软实力所在。今天看来，创业早期学堂达到了提升创业实践教育的成效。

坚守初心，并举教育与转化，我们走出了一条极具特色之路。坚持、努力，加幸运，今天技术转移办公室已将创业早期学堂贯穿部门的 7 个业务板块，形成 5 大系统：创业早期学堂与专利管理构成的专利运营系统；以成果转化为核心的创业实践教育的启蒙教育系统；创业早期学堂与上科大双创大会构成的成果转化融资系统；创业早期学堂与上科大孵化器构成的科创产业早期孵化系统；创业早期学堂与上科大双创生态构成成果转化教育与转化的生态系统。

其中，"创业早期学堂＋上科大创新创业大会"已成为创业实践教育和科技成果转化融资的公益性市场化平台，互相交融，互相促进，实现了创业实践教育与科技成果转化相互促进的良性循环。我们已连续举办了 5 届上科大创新创业大会，累计服务国内外 69 所高校院所 2000 余名师生，助力各高校师生科技成果转化，上科大获奖项目中 41% 已实现转化和创业。

经过 4 年努力，创业早期学堂起到了举足轻重的促进作用，助力培养了科创企业创办者，上科大创新创业和成果转化业务也有效促进了学校创新创业人才的培养！很幸运，截至 2023 年 5 月底，学校申请专利 1408 件，其中 PCT 和外国／地区专利申请 422 件（30%），已有 270 件专利获得授权，现已实现专利许可率 25%，专利许可合同金额累计近 70 亿元；上科大已孵化出企业 40 家（采用上科大专利技术），学生企业数占 24%，实现早期创业融资超过 14 亿元，资金均来自社会头部 VC，涵盖新材料、新能源、高端制造、人工智能、生物医药等行业。2020 年至 2022 年底，上科大教授平均每年衍生企业率约为 3.2%，在校师生平均每年衍生企业率约为 1.7‰，这个比例在国内外顶尖高校中也是可圈可点的。

今天，上科大在技术转移办公室运营模式、专利申请、专利转化率、衍生企业（率）、以成果转化为核心的创业实践教育、创业融资、专场路演／双创大赛、学校成果转化业务的整体盈利性等方面，已经走出了一条颇具科创时代特点的成果转化实践之路！已经赶上国内外顶尖大学科技成果转化的发展步伐，创业实践的启蒙教育功不可没！

在全球面临百年之大变局、历史转折点的今天，上科大已实现"高等教育、科学研究、成果转化"的可持续发展新格局！回顾2000年初布局谋划上科大，现在我们可以说，创立上科大是高瞻远瞩的伟大创举！

功成不必在我，功成必定有我！我对科创产业孵化（科学创新产业）的未来充满信心，期待科创产业能更多造福人类。感恩时代，感恩我的导师们和中国科学院的培育，感谢一路陪伴并给予支持帮助的各界朋友们，感谢上科大师生，感谢上科大各职能部门和各学院研究所的支持与帮助！

向为高校科技成果转化事业作出贡献的每一位工作者致敬！

【作者简介】

王杰，上海科技大学技术转移办公室主任。

初心不变　未来可期

肖　茵

　　2023 年 5 月，我离开欧洲某国的驻沪科技文化中心，加入上海科技大学工作。得知这所大学的存在，还是当时的外国老板告诉我的，我只知道，这所大学是中国科学院和上海市政府共同成立的。我和中国科学院人员有过工作接触，给我的印象是务实。这样一所新的大学，应该有新的气象，需要有人做国际合作工作，带着这样模糊的初衷，我成为上科大国际合作工作部门的第二个员工。我们部门的第一个员工在 2018 年的时候离开了，而我，出乎我自己的意料，一直工作到了上科大成立的第十个年头。

　　在很多大学，我所在的部门叫做"外事处"，在上科大，我们曾被称为"国际合作处"，后来更名为"国际事务处（Office of International Affairs）"。"国际事务"涵盖的范围更广，也更契合上科大"国际化"的理念。现在我们处满员——有五个员工，但在过去的很长一段时间里，国际事务处只有两个员工。十年走来，伴随着个人的成长、部门的壮大、学校的发展，交织向上，对我而言，有很多值得书写的第一次。

一、第一次参加来访接待

我的电脑存档记录中，2013 年的访问记录的第一项是 2013 年 6 月 6 日来访的麦克米伦科学和教育集团首席执行官安妮特·托马斯（Annette Thomas）博士一行——这是我在上科大参与接待的第一个外宾访问。当时的校领导班子还被称作上海科技大学执行委员会，执行委员会主任江绵恒校长、副主任龚晋慷教授，以及免疫化学所执行所长姜标教授、生命学院副院长吴家睿教授都参加了接待这次高规格访问。访问前免不了有很多准备工作，主要围绕着日程和会谈内容的细节，场地和布置都很朴实，就在岳阳路校区的一个普通的会议室。

这次访问的新闻稿也是我撰写的，其中提到："作为一所定位于高水平、国际化的研究型大学，上海科技大学的专业课及专业基础课将实行英语教学。借此，双方进一步探讨了合作的可能性，计划将在同行评议、英文科技论文写作教学等方面进行合作，以此提高上海科技大学研究人员和师生的科研水平以及中国科学家在一流国际学术期刊上的影响力。"作为一个长期在国际交流合作领域工作的"业内人士"，听惯了各种接待场合中的官方用语，当时并没有在意。然而，再一次审视这些文字，我吃惊地发现，上科大已经实现了会议中谈到的内容。我们与麦克米伦旗下的自然出版集团一直保持着合作。2015 年 5 月与施普林格科学＋商业媒体合并组成施普林格·自然公司（Springer Nature Group）。2020 年 11 月，江舸副校长与施普林格·自然大中华区签订合作备忘录，继续合作的旅程。

二、第一次带队参加暑期学生项目

2016 年的暑假，对 31 位上科大 2014 级、2015 级本科生和我来说，都十分难忘。我带着这些上科大第一第二批本科生前往意大利，参加了由帕多瓦大学（University of Padua）的 Ernesto Carafoli 教授团队专门为上科大学生定制的暑期学校，这也是上科大首个欧洲暑期项目。在项目快结束的时候，江绵恒校长、印杰副校长、时任光机所所长李儒新院士一行正好在欧洲访问科学大装置，便抽出时间，特地到意大利看望参加项目的学生。

其中有一件趣事令我印象深刻。按照原定计划，上科大代表团要赶到意大利北部山区小镇阿齐亚戈（Asiago），与在那里上课的学生共进晚餐。傍晚，上科大代表团的一些成员和帕多瓦大学的老师陆续到

2016 年，参加帕多瓦大学暑期项目的学生和上海科技大学领导、帕多瓦大学领导在帕多瓦大学博宫庆祝暑期项目顺利结束

达小镇，卡拉福利教授、江校长及财务处张启处长当天日程排得格外满，仍在往小镇赶。意大利山区夜已深，只有星光点点，大家开始有点担心。有人按捺不住给张启老师打了电话，得知年逾80岁的卡拉福利教授亲自开车，正充满自信地载着上科大的两位客人在盘旋的山路上飞驰。接近9点的时候，三人平安到达，学生们欢呼着迎接不辞辛劳赶来的老师们。翌日，上科大代表团和学生在帕多瓦大学主厅博宫（Bo Palace）共聚一堂，并参观了伽利略当年在帕多瓦大学任教时设立的讲台。博宫古老辉煌，年轻的上科大的学子身处其中，新旧辉映，带来奇妙的历史碰撞感。

帕多瓦大学是第一个和上科大签署合作协议的欧洲大学。两所大学的合作始于担任免疫化学所理事的卡拉福利教授，之后双方在科研和学生交流方面一直保持合作。

三、第一次国际捐赠

上科大这样一个年轻的大学要开拓国际合作，展现风采、建立信任，面对面的交流至关重要，但在新冠肺炎疫情时期，国际旅行障碍重重，而线上形式总是给人隔靴搔痒的感觉。可以说，过去的三年是历史上国际事务工作最为困难的时期。

2020年春天，我国疫情控制得比较好，但西方各国疫情肆虐，从英美等欧洲各国以及邻邦日本也传来各种抗疫物资紧缺的消息，国内各界人士开始尽自己所能帮助海外的朋友。

上海的很多高校都在试图向海外捐赠物资，然而国际运力受限，怎么把物资尽快运出去才是最大的问题。由于我们行动得快，防护物资顺利到达了各方手中。这些在患难中结成或巩固的关系，为上科大扩大"朋友圈",也为后来上海临床研究中心的国际交流工作打下了基础。

实际上,疫情期间,上科大的国际合作交流工作并未中断,我们通过视频方式尽可能地开展工作。2022年6月和7月,我们与莱顿大学医学中心、希伯来大学签订了合作协议,这些都是上海疫情高峰期间克服种种障碍取得的成果。

四、第一次"跨界"组织双创大会国际场

设计思维课程提倡跳出固有的思维模式,那么国际合作交流工作是否只能拘泥于迎来送往、推动科研学术交流、办理涉外手续呢? 在上科大,我们可以跳出思维定式。2022年,国际事务处尝试跨界,和技术转移办公室共同组织了首个线上线下结合的双创大会国际场。

虽然双创大会已经举办四届,已经积累了一定的影响力,但能否吸引到国外的参赛队伍大家心里都没有底。如果在全球范围征集项目进行路演,项目质量、时差、实时连线的效果都是需要考虑的因素,所以最初大家也想过"偷懒"——采用论坛形式,请几位创新创业领域的国际嘉宾给讲座,皆大欢喜。但主管技术转移和国际事务的江舸副校长还是认为应当尝试和国内场一样的方式,进行项目路演,现场投票评选出奖项。

由于确实没有经验,我们研究了麻省理工大学和欧洲一些卓越大学的创新创业大赛的模式,发现他们决赛项目少而精,进程清晰高效,虽然是线上举行,但一样元素齐全。我们的优势是国际事务处拥有合作网络资源,技术转移办公室积累了大量评委资源,两者结合,应该可以达到类似的效果。我们向国际合作单位和上科大校友广发英雄帖,

最终吸引了来自 6 个国家的 13 个项目参赛。

为了兼顾时差和网络稳定，我们请选手用录播的方式介绍项目，但时差允许的项目负责人可以在线回答评委问题。第一次举办这样的活动，小插曲果然如期而至。有一位项目负责人在线回答问题的时候全程无法对准摄像头，只看到个额头。令我们感动的是，有一位身在美国的项目负责人很显然是深夜里在车内参加路演全程，虽然回答评委问题时他的画面不太清晰，但项目质量和敬业的态度让我们肃然起敬。这位美国雷塞尔大学生物工程系的学生的创业项目获得了一等奖。

如果十年之前我选择一个历史悠久的大学工作，那么我就不会有那么多难忘的第一次——这些初次是我和上科大共同成就的，过程并不总是那么一帆风顺。比如在刚成立的那几年，我和校领导去美国开拓学生交流项目，有些大学只是简单接待，并没有深谈的意思，还有的大学把接收学生的门槛拉得过高。但是，在他们接收了我们优秀的

2022 年双创大会国际场路演结束后评委及技术转移办公室、国际事务处同事合影

学生之后，信任就逐步累积起来，因为我们的学生就是我们育人的成果，也是学校成长的体现。2023 年，上科大成立十周年了，但在学校内部，有的学院成立不过两三年，上海临床研究中心于 2022 年刚刚成立，还有其他新的项目在酝酿之中，这就意味着我还将经历更多我和学校国际事务工作的第一次，对此，我充满期待！

【作者简介】

肖茵，上海科技大学国际事务处助理处长。

让知识与学校发展同行

张晓林

一所大学有一个图书馆似乎是自然又传统的存在，但上科大图书馆通过自己 Lib 1.0、Lib 2.0、Lib 3.0 的多维发展，自动融入学校办学本色，有机嵌入教学科研生命脉动，致力于成为全校普惠好用、可靠高效的一流知识服务底座。

一、多元资源的提供者

我们致力于把图书馆打造为师生可信赖的学校知识资源基础设施和"我的书房"，多角度地支持教学和科研。

作为校园里怡静秀美的标志性建筑，图书馆拥有约 2 万平方米、2000 个座位、全年每天 8 时—23 时开放的学习空间。除了一至五层的开架书库 + 阅览室和自动借阅机外，还有分布在多层的 24 间配备显示大屏的群组研讨室，位于第五层的 42 间个人研习室，分布于第三、五层的会议报告厅、学术沙龙等学术活动区，位于一层的天地长廊、透明西厅、临水书卷等展览空间。

上海科技大学图书馆

为满足师生多层次文献需求，通过共享国家、中国科学院、高校和上海市文献资源，参加中国科学院和全国高校文献资源集团采购，全面提供数字化的期刊、图书、学位论文、专利、社会经济数据等，同时精选馆藏印本书刊，开通网络数据库 174 个，覆盖外文电子期刊 1.6 万种、外文电子图书 82 万种、中文电子期刊 8000 种，中文电子图书超 200 万种，中外文学位论文近 1200 万篇，馆藏印本图书达 10 万种，覆盖数学、物理、化学、生命科学、电子电气、计算机科学、生物医学、管理学、经济学、人文学科等，都可通过文献资源集成发现系统实现一站式检索，达到国内一流高校水平。

管理学校知识管理系统（Knowledge Management System，KMS），全面汇集学校师生发表的期刊论文、会议论文、专利、学位论文等，成为学校的核心知识资产库，提供多维度学术画像，嵌入本科与研究生教学系统、科研管理系统和校园智能决策系统，支持跨流程跨系统的知识发现与知识融汇。

负责全校档案管理与服务，通过精干的档案专队、图信中心协同团队和全校院所部门兼职档案员团队的协同工作，全面实现各类档案按序依规归档和档案馆藏管理与档案服务，前置对学校新建单元进行档案业务指导，全面实现 2020 年及以前档案数字化。

二、鲜活服务的组织者

我们努力将"安静"阅览空间扩展为动静结合的文化客厅，融合各类资源，深化活化服务，促进鲜活的科教服务和文化传播。

坚持图书馆空间"是学校资源、为全校服务"，贯通图书馆各类空间使用申请和协同保障流程，积极接待各类领导、会议、合作机构、中学校长、开放日学生与家长参观等，年均达到 100 多场；主动承接各类重要学术会议、教师培训会、博士后沙龙、院所讲座、书院讲座等，年均达到近百场。

努力把图书馆变成月月上新、全年不间断的开放展览空间，通过自办或合作办展，包括各院所科研成果展、生命科学科技摄影展、Nature Research Journals 期刊封面展、Chem Enginnering 最美化学摄影、与国家图书馆合作的文津图书奖获奖图书展等，年均超过 15 场次，涵盖科技、文化等多方面，为广大师生营造一个文化家园。

打造学科馆员基本服务制度，为每个院所配备专门的学科馆员，通过当面和线上形式，向师生提供个性化、学科化、知识化的服务，包括文献检索、资源推介、专题信息跟踪、学科情报分析研究。围绕研究性学习发展周期，学科馆员策划和组织 5 个系列 30 余种专题培训，包括各领域专题文献检索利用、重要专门文献数据库及基础软件工具、国情世情社情信息检索、数据工具培训，贯通学术信息交流全链条的文献检索与信息利用本科生通识课，支持研究生进行主题态势分析和精准选题分析的科研趋势分析方法课等。同时，围绕科研生命周期，学科馆员提供研究项目布局分析、论文与专利态势分析等服务，支持院所和课题组科研发展。

三、知识创新的合作者

积极打造支持学校改革发展的知识后勤和服务师生创意内容的共创平台，把知识转化为智慧产品，把创意转化为传播效力。

问题导向、愿景驱动，支持学校和院所建设创新型研究型大学的战略发展，一直是图书馆的奋斗目标，建馆伊始，就致力于打造服务学校的不断创新发展的战略情报服务体系。建立自动跟踪全球高等教育管理机构和80多家一流高校的系统，提供月度《一流高校改革发展动态快报》发放校院两级领导；自主设计《上海科技馆基础科研竞争力对标分析》年度报告，对标国际综合排名前10高校及之外的领域排名前2高校和国内C9高校及改革型前沿高校，从科研产出、影响力、主题布局、前沿引领度等多个角度对学校及其九大科技领域的竞争力进行诊断性分析；联合战略合作伙伴，针对学校发展重大问题，进行相关领域或机制的深度战略调研；贯通研究基金项目、期刊与会议论文、专利全链条，进行主题领域态势分析；还针对学科建设开展先进高校学科设置调研，针对人才引进进行多层次人才竞争力分析，针对"双一流"学科建设提供多方位调研分析等；通过与用户紧密交互合作，努力达到用户想得到、服务高效率、内容靠得住、分析有启发的

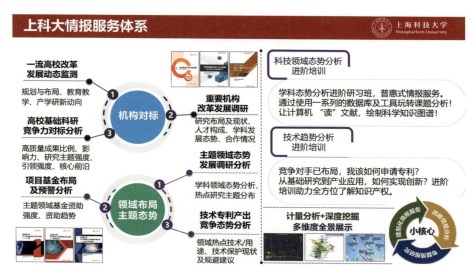

上海科技大学科技情报服务体系

上海科技大学多媒体制作演练中心

高质量能力。

开设高水平的创工场——多媒体制作与演练中心，支持慕课（MOOC）课程创建、科研项目与成果宣介多媒体制作、学生富媒体交互式内容创作等。中心位于图书馆二层，包含录播区，经过专业声学、灯光、音视频信号传输等设计，提供播报景、访谈景和虚拟蓝箱演播景；多媒体制作区，支持8组音视频制作编辑，提供高配置编辑设备与软件，包括特效处理、3D建模、故事版设计等；排练演练区，经过专业声学模块和投影设计，提供实时回显演练能力。创工场坚持"服务产出才是硬道理"，承担学校MOOC录制，提供从MOOC课程规划、摄录指南、后期编辑指南、发布规范等全链条服务，每年完成6—8门MOOC课程制作与发布；支持学校各院所招生宣讲等各类线上直播及互动，支持院所部门和群组根据教学、科研、创新创意活动等的需要，进行多媒体、融媒体、富媒体内容等的录制、编辑制作和演练活动。

【作者简介】

张晓林，上海科技大学图书信息中心原主任。

初心如磐　踔厉奋发，共创数字化校园

——记上海科技大学校园信息化建设历程

孙小影

2012 年 4 月 9 日，我作为上海科技大学（筹）首批员工正式到岗。
从连接第一台打印机，发放第一台笔记本电脑，到分配第一个工号，

2012 年 8 月 3 日，上海科技大学（筹）首版官网上线

建设首版官网……从无到有，开启了我的校园信息化服务和建设的十年成长之路。

一、十年筚路蓝缕，数字校园初具规模

建设之初，学校定位信息化建设是学校整体内涵建设的一个重要组成部分。作为国家教育综合改革试验区（上海）的重要成员，上海科技大学秉持"服务国家发展战略、培养创新创业人才"的办学理念，努力建设一所小规模、高水平、国际化的创新型大学。为了实现上科大的办学使命和目标，落实各项改革创新的办学理念和举措，传统的办学模式和管理机制已无法支撑，必须建设一套适合上科大行政管理、教学需求、科研模式，能够最大程度发挥上科大教育改革效果的校园信息化系统。

人们常说，"兵马未动、粮草先行"。在管理、教育、科研已全面进入数字化网络化的今天，信息化工作已经成为提供战略性支撑的数字底座和创新发展的驱动利器。我们要想在一张白纸上画出最美丽的图画，必须顶层设计，借鉴国内外先进经验，做好整体规划。因此，学校筹建之初就已启动校园信息化的规划工作。2013年，结合校园的土建，组织开展校内外需求调研，筹划信息化专项建设工作，不断打磨项目建议书和可行性研究报告。2014年9月，市发展和改革委员会正式批复《上海科技大学智能化信息系统建设项目》的建设工作。

随着学校招聘、招生、宣传、临时办公等业务的快速发展，信息化需求不断涌现，这需要实时快速做出响应，满足各业务口径的实际需求。于是，2012年，首次2M带宽申请接入中国教育和科研计算机

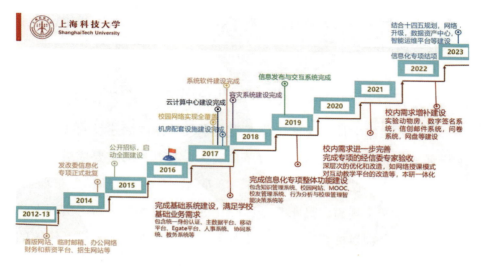

上海科技大学校园信息化建设历程

网，获得 EDU.CN 的域名，同时申请使用中国科学院的邮件系统作为临时办公邮箱，完成岳阳路和海科路临时办公场所有线、无线网络搭建；2013 年，正式接入上海财政专网并搭建财务管理系统、薪资发放平台，同年建成上海科技大学招生网，建设第一间云桌面教室；2014 年，学校信息公开网发布，微信公众号和短信平台上线，会议注册系统投入使用；2015 年底，配套校园建设要求，正式开启信息化专项的建设工作，保障硬件基础设施的深化设计及招标、业务系统基础平台搭建和教学教务的急用先行；2016 年，核心机房建设初步完成并投入使用，10 月底实现全校网络的基础覆盖，校园服务平台 Egate 上线，入驻新校区……截至 2023 年 4 月，信息化专项完成经信委的验收和审计局的审计整改工作，信息化建设成果已在教学、科研、管理和学生培养等各方面全方位地发挥作用，标志着学校信息化建设 1.0 版圆满完成。

二、打造数字基座，赋能原生应用成长

建校 10 年来，图信中心牵头全校各部门、院所和多个建设单位相互协同，脚踏实地，坚持学校办学理念，紧跟学校发展需要，创造性地采取"小核心、大网络、多圈层、统筹协同"的建设模式，体现上科大创新型高校特质，坚持需求导向、坚持以师生获得感为目标、坚持先进理念与技术带动、坚持顶层设计和统筹建设，从一片空白起步，建成了以集约共享的信息化公共基座为核心的全面信息化服务体系，实现了开放共享、数据互通、技术集成、应用协同、交互可用，完成了从 0 到 1 的跨越，为学校高速度高水平发展提供了有力支撑，也为实现教育数字化转型、推进教育现代化建设和高质量发展奠定了坚实的基础。

建设一流基础设施保障一流教育科研。在基础设施建设中，采用"集约建设、共享使用"的方式，通过"云计算、海量存储、高速网络"等新技术，采用虚拟化、分布式、自动化等技术构建各类资源池，形成学校信息化数字底座，为学校各类各层信息系统统一提供数据存储、计算处理、网络接入等服务，实现"网络无处不在""资源无处不在""服务无处不在"。目前已建成覆盖全校所有空间的校园网络，校园网骨干带宽 100G，桌面接入 1G/10G，网络接入信息点 3.3 万余个，网络总出口带宽 8.8 Gbps，实现校园无线信号全覆盖。校园核心和容灾机房按 B 级标准建设，总面积 726 平方米，可用机柜 150 个。学校云计算中心采用公共服务器资源和院所共享统筹资源共建方式，CPU 核数 20312 个，GPU 卡 1128 个，整体处理能力 17.52 Pflops。当前可用科研计算存储容量 6.2PB。云主机平台共有物理服务器 92

台，承载虚拟主机 843 台。建立完善的网络安全防护体系，完成 3 个三级和 5 个二级系统群的等保定级和测评，实现全部业务系统的容灾备份。

打造集成化知识化智能化校园服务。校园各类服务建设中，通过建成 Egate 一站式服务平台，在统一身份认证、主数据中心和统一流程管理和任务中心下，以各类业务系统为支撑，把教学、科研、行政管理及公共服务等集中起来，打破业务壁垒，优化内部流程，实现数据驱动的"一站式"服务模式，打通事务流程的"最后一公里"。该平台从 2016 年 10 月上线以来，运行稳定可靠，已通过各种维度开通、汇聚 60 多个特色应用系统，提供 400 多种业务的微服务。贯通学生从招生到离校全业务条线，教职工从入职到人事管理全周期，设施设备从预算到采购到入库与报销的全业务域，以及行政办公、管理、宣传、仪器共享等业务全流程。实现学校事务"网上办""移动办""全程办"。技术上，该平台建设按照 UC 矩阵原则，实现一数一源和统一标准，赋能开放的数据交互共享，在国内高校首创利用 SAP ERP 套装软件内核逻辑和业务解决方案，实现数据驱动的功能管理。

在服务教学上，按照学校特点，全面支持全学分制管理、导师制与书院制和本研一体化，搭建满足"以学生为中心、主动式学习、互动式学习"教学模式的在线教学辅助系统，提供优质教学资源向社会共享及其课件制作全生命周期服务。形成泛在、融汇、互动的教学辅助平台，学校的互动教学平台从 2016 年 10 月试点运行以来，开课教学班数 2133 门次，系统访问量 320 万次。上海科技大学慕课（MOOC）平台已为学校与社会共享优质教学课程总数 47 门。构建联动、共享、全场景的教务管理系统，建设本研一体化教务管理系统，逐步实现学习和培养的连续性。建设教学质量评价系统，实现课程评教管理，逐步拓展为教师发展管理、专业认证与评估管理等。持续打造"智慧教学"环境空间，学校建成 40 间云录播教室，自动提供课程直播和点播功能。云实训教学环境，通过云计算、GPU 虚拟化、容器等技术，提供基于云端的科研计算和常用软件实践实训的平台，结合国产芯片终端及多媒体互动设备，截至目前，共支撑《操作系统》《普通化学》等 36 门课程，提供 4945 个云桌面实训环境。初步实现数据驱动的教学分析，将来自教学管理、学工、线上教学，国际化交流，就业去向等的数据进行梳理，全范围、细粒度采集和汇聚散落在各个环节、过程和阶段的数据，通过治理、清洗、转换，建立教育教学域，按照多维度进行历史数据切片进行教务主题和学生个人画像主题和场景分析辅助教学。

初探数据驱动的精准决策与分析。在智慧化管理中，建成国内领先的知识管理系统，全面汇集学校科研成果、动态交互支持多元知识图谱。学校知识成果是学校的核心资产和核心竞争力，对知识成果的保存、分析、传播是信息化服务的新任务。当前，学校知识管理系统会自动抓取学校科研成果信息，结构化、语义化、多维度组织知识成果，提供多维度、多层次统计分析和知识图谱的自动生成与导出。

此外，在学校已经全面进入信息化运行的基础上，把生活、教学、科研、管理和服务过程中的各类数据积累、关联、聚合，把数据变为知识和智慧，支持校情感知、趋势分析、影响分析、综合报表自动生成等，成为学校智能决策系统的目标和实践。目前已建成全国独特的校园智能决策系统，以仪表盘方式全面实时对接 26 个业务系统，配置 12 大主题共 642 个分析场景，实现综合智能集成分析，从综合校情、

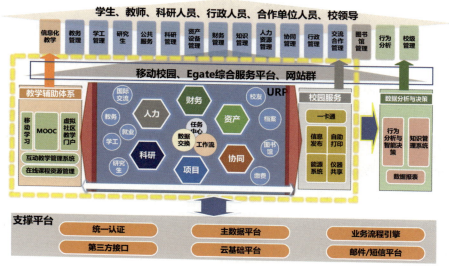

上海科技大学校园信息化架构图

教学活动、科研活动等方面支持感知与分析。

三、坚持前瞻务实，开拓创新发展之路

建校 10 年来，上科大信息化建设始终以学校需求为出发点，以用户获得感为考核标准，实事求是、务实创新。坚持做到不只追求"潮流化"技术或系统，而是满足用户的快用、实用、好用需求；充分利用学校创新机制，打破分散、孤立、自我的传统信息化模式，统筹规划、统一建设、深度交互、敏捷调整，既快速满足用户需求、又高效保证全校园成本效益；主动面向未来，不拘泥于原有规划与规定，前瞻设计和布局，把完成项目与持续发展有机结合，在满足学校当前发展的同时为对接教育数字化新环境新体系等打下基础；将信息化团队的人力资源劣势转化为信息化建设机制创新和团队转型的契机，摒弃

传统高校信息中心大规模配置开发人员的模式，搭建院所部门、总集和监理、开发系统商联合的"小核心、大网络、多圈层、统筹协同"模式，推动信息化团队向"用户需求体验师＋系统架构师＋项目管理师＋服务管理师"的新型信息化专家转变，以小规模高水平团队在师生的实际要求下且在预算额度内实现完成建设任务。

尽管在信息化专项的批准规划中没有高性能计算部分，但为满足数字化数据化计算化科研对高性能计算的迫切需求，学校通过优化招标设计和不断自增投入，自行建设高性能计算共享服务平台，并于2017年6月起正式提供服务，初始向全校提供每秒20.4万亿次单精度计算能力。在学校的要求和院所的支持下，各院所各类计算资源统筹汇集到统一的科研计算自服务平台，实现集约建设、统一纳管、统筹调度、共享服务。至2023年6月，已汇集各院所共计623台物理计算节点，其中399台CPU计算，224台GPU计算节点，总处理能力20.4 PFlops（超2亿亿次），在册账户1080，共213个课题组，累计418万条作业记录，提供机时超5亿核小时。自2018年开始，已经累计收到518篇论文成果反馈，其中CNS论文5篇、Nature Index来源期刊论文99篇、SCI一区期刊论文222篇。例如，物质学院杨波教授课题组使用平台，进行固液界面催化反应的理论模拟及固汽界面催化反应在真实条件下的动态模拟，共发表论文90余篇。生命学院张力烨教授课题组利用平台进行多种组学大数据处理、对组学数据进行机器学习和整合分析来理解疾病中基因组演化规律，已发表论文20余篇。此外，通过与信息学院的算力融合，分布式数据处理的方式，为蛋白质结构预测提供算力支持，有效地支持了我校CASP15的备赛和竞赛。目前正面向学校双一流数字材料学科建设和跨学科多模态人工智能计

上海科技大学高性能计算集群

算平台的算力建设提供服务。在计算人才培养方面，自 2018 年首次闯入 ASC 亚洲大学生超算大赛决赛以来，在学校高性能计算共享平台与信息学院组成的联合教练团队的指导下，学校超算队伍连续三年在超算大赛中斩获佳绩，连战皆捷获得包括：SC22 的 IndySCC 赛道冠军，ASC18 和 SC21 世界大学生超算竞赛亚军，并在历届 ASC/ISC/SC 世界大学生超算竞赛上荣获优异成绩。学校高性能计算平台的优势在于"在身边""进流程""伙伴式"工作机制，及时灵活地配置资源、优化参数、协同设计，使得有限资源发挥了大型超算中心难以做到的高效率和方便快速的计算服务，为教授用先进工具争分夺秒地进行科研研究和竞争科学前沿打下良好基础。

四、紧跟学校发展，奋楫笃行再起航

回望 10 年，上科大校园信息化建设不断壮大，已能够为学校发展提供强有力的支撑。展望未来，校园信息化建设将结合云计算、物联网、AI、大数据、区块链、智能识别等技术，在前期建设的基础上，通过技术赋能、模式创新、流程再造、数据驱动、始终以有效需求为导向，夯实服务运行保障水平，提高系统能力、网络安全和信息安全水平，提升网络能力、高性能计算服务能力、支撑智能化态势感知与

决策支撑能力。

赋能教育改革。健全网络教学全流程集成服务机制，实现多种平台、多类资源、多元方法融汇学习支撑平台，建立长周期、跨场域、多维度师生画像。细粒度融汇学生学习、研究、生活等环节信息，支持全场景感知、智能化诊断、预警化分析，从教学管理向人才培养服务转变。

推进新基建。网络持续升级改造，深化 IPV6 应用，完成 WIFI6 与下一代网络融合示范区和大科学装置数据互联互通。建设低碳、节能的新型机房。统一监控逐步前置基于物联网和智慧环境的智能运维体系。

实现平台聚力。"一网通办"到"一网好办"。深化流程细粒度覆盖、全流程跨应用融汇，精准打磨，合并和剪枝，使流程更合理，提高效率。

打造数字基座。完善数据资产中心建设，推进跨部门、跨地域、跨层级的数据流动。建立数据资产目录，提高数据使用的便捷性和多样性，提升数据的时效性和准确性，强化精准趋势分析能力，支撑"精准管理、智能决策、综合评估"。

发展创新应用。鼓励创新应用。基于新型网络，结合虚拟现实和智能识别等技术，实现沉浸式虚拟教学体验。探索科研态势分析、进度监测、科研数据管理和绩效评价有机纳入科研管理。结合人工智能的移动平台的信息服务。数字孪生的安全感知等。

可信安全生态。持续建立健全网络安全责任体系，以国家信息安全等级保护标准体系为基准，构建具有态势感知能力和动态防御检测能力的智慧型网络信息安全防护体系。

见出以知入，观往以知来。上科大校园信息化建设将紧跟学校发展，继续推进教育数字化转型发展，进一步发挥信息化作为创新发展先行一步和关键生产力的作用，为上海建设成为教育数学化转型标杆城市提供新范式和可行经验。

奋楫笃行再起航！

【作者简介】

孙小影，上海科技大学党委委员，图书信息中心副主任（主持工作）。

于平凡之处见初心

王东鸣

生活中那些意外的巧合，就好像事先安排好的一样。1992年高考出于对"科学与技术"的向往，我报考了"上海科学技术大学"并被录取（当时简称也叫"上科大"，于1994年并入"上海大学"），二十年后我再次与"上科大"结缘，成为一名"上科大人"参与到建校工作。

时光匆匆，上科大就要迎来十年华诞。这十年学校唯一不变的主题就是日新月异的变化。很庆幸自己亲身参与到了这个平凡而又伟大的过程之中，见证这所充满梦想与希望的大学成长历程。

一、梦开始的地方

徐汇区太原路294号中科院上海分院8号楼是2013年首届研究生入学的地方，尽管从2016年9月后学校教学工作已全部转到新校园，但至今8号楼锦江物业的严经理、陈阿姨还清晰地记得那些充满朝气的年轻学生给这里带来的活力。

2013 年 9 月 3 日首届研究生开学典礼上，江绵恒校长作的"立志、成才、报国、裕民"主旨演讲，不仅勉励上科大学子要以实现中国梦为己任，选择奋斗、拼搏、奉献的青春，成为具有开拓和引领能力的创新、创业、创投人才，成就高尚人生。也激励着每一位工作人员以忘我、时不我待的精神投身学校建设，在自己的职业生涯画上浓墨重彩的一笔。

二、小团队　大舞台

2013 年 9 月至 2019 年 9 月期间我任职公共服务处处长，主要的工作就是建立学校后勤保障体系，为学校教学、科研发展提供公共服务支撑。2013 年底到 2015 年 9 月朱少波、胡玲玲、赵乐盈、郑雁鹏、张静、林之峰六位同志相继加入公共服务处，虽然大家都没有在高校的工作经历，但大家共同的目标是营造良好的学习生活条件，让全体师生全身心地投入工作、学习。

20 世纪 80 年代我国提出高校要实现后勤社会化，但是由于缺乏理论的支撑，执行力度不大，使很多高校处于徘徊、观望的状态，导致现行的高校后勤管理模式在运行中还存在一系列问题，后勤机构没有从根本上与学校分离。如何实现学校后勤"社会化"为我们这个小团队提供了一个大舞台。

2018 年 5 月 18 日翁铁慧副市长（现任教育部副部长）在《上海高校后勤社会化改革二十年论坛暨长三角高校后勤协同创新发展联盟首届峰会》上，对上科大建校以来在后勤改革"社会化"的探索和实践给予了充分的肯定。

三、首届本科生口中的"工地大学"

2014 年学校计划招收本科生，学校借用中国科学院上海高等研究院海科路 100 号园区作为临时校园并要求新校园里的两栋学生公寓完成竣工验收提前启用，2013 年 12 月由我牵头制定的《2014 本科教学配套设施落实方案》在校领导会上通过。在多方努力下，2014 年 1 月 24 日，教育部批准上海科技大学 2014 年本科招生方案，全校上下欢欣鼓舞，期盼上科大首届本科生的到来。

临时校区的建设与管理也是为后续校园后勤保障的建设和管理提供了一个实践平台，通过与校内各部门需求的再次沟通确认，2014 年春节后我们就马不停蹄地启动教室改造、家具采买、各项后勤服务准备等工作，除安排赵乐盈在浦西校区留守保障日常办公和教学外，朱少波、胡玲玲、郑雁鹏三位同志和我的工作重心都放在浦东临时校区。从一张简易办公桌开始，到有了综合管理部门办公室，从空无一物的房间，到改建为教室、图书馆、食堂、篮球场等功能空间，硬件条件的完善让我们对迎接师生的到来充满信心。

最让我难忘的是那年 9 月 15 日——新生报到日，但两栋学生公寓网络、宿舍家具、小五金安装、物业开荒等后勤工作到 8 月 25 日完成竣工验收程序后才能进场，20 天准备时间压力巨大。为了确保万无一失，学校特地安排新生报到后直接到东方绿洲进行军训，为我们又多挤出宝贵的 10 天。当 9 月 25 日第一批首届本科生进入宿舍面对焕然一新的环境发出"哇噻"的欢呼，就是对所有夜以继日辛勤工作基建、后勤人员最好的奖励。

考虑到当时学校周边地广人稀，张江校园还处在建设期，工地内

2014 年，在即将投入使用 10 号学生公寓前合影（从左至右：公共服务处赵乐盈、朱少波、王东鸣、郑雁鹏、基建管理中心彭国杰）

禁止穿行，为了学生安全我们特地安排了往返于宿舍和教学区的班车。开学后，为了确保后勤保障系统的稳定运行，我们反复对教学服务、交通运输服务、餐饮服务、公寓管理服务方案讨论优化，同时为加强面向师生服务，我们整合多方服务单位成立公共服务受理中心（现名"校园服务中心"）以求第一时间解决师生需求。

　　首届本科生既可爱又乐观，因为宿舍旁边就是工地，他们戏称自己是在"工地大学"读书。现在回忆起来，尽管当时学校为学生生活便利做了很多努力。当年地铁 13 号线还未通车，我们协调到 1057 短线车到地铁 2 号线车站。周边没有商业网点，我们在生活区引进便利店等。但首届本科生在校时还是比较艰苦的，第一年空调、热水系统没有投入使用，宿舍冬冷夏热、洗澡也要到楼下临时淋浴间，离开学校时游泳馆还没投入使用等等。不过感谢他们勇敢的选择，有了学生，这片土地才叫"上海科技大学"，向首届本科生报以敬意。

四、开启新校园　再上新台阶

浦西、浦东临时校区稳定运行的实践，让我们积累了经验，为新校区后勤管理与服务迅速地发展打下了坚实的基础。

按照校领导对新校园基建与后勤交接"无缝衔接"的工作要求，公共服务处团队一方面配合基建管理中心对食堂、体育馆、报告厅、学术交流中心的设计完善提资，根据工程进展争分夺秒地协调开展厨房设备、场馆座椅、舞台音响系统、办公家具等项目的招标、采购、安装工作和实验室二次装修工作。另一方面工作重点就是构建新校区

2016 年 2 月 2 日，校园内首个食堂投入使用

后勤管理与服务队伍。

高校后勤服务在市场上属于新型服务行业，既有基础物业保安、保洁和对种类繁多的房屋建筑设施、公共建筑设施、供水供电、热力和空调、电梯等设施设备运维保修，还有教学辅助、公寓、公共家具资产、场馆保障、会务接待、餐饮、医疗卫生、邮政快递等管理服务内容。至今也很少有国内高校全部采取"向市场购买服务"的模式来构建学校的服务保障体系。

在充分进行市场调研的基础上，根据高校后勤工作内容和分属行业，我们采取了以"大物业"和餐饮、医疗、商业服务多模块组合方式由公共服务处抓总的构架"向市场购买服务"，按照市场规律运作后勤服务。

在几个模块中，"大物业"因工作内容以及管理对象的构成，决定了协调、运作这个规模庞大而复杂的系统必须要有专业水平很高的经营管理人才和足够数量的专业技术人员，才能对学校要求高质量、低成本创新后勤管理与服务模式提供支撑。在学校领导参与方案讨论和上海市政府采购中心指导下，2015 年 5 月 13 日学校在上海市政府采购网发布《上海科技大学校园物业管理及相关服务》招标公告。经过政采专家严格的评审，上勤物业在 11 家投标单位中脱颖而出竞标成功，在 7 月 14 日收到中标通知书 10 天后就组建了一支 25 人的物业前期介入骨干团队进驻上科大配合公共服务处、基建管理中心开展校园承接查验工作，随着基建工程陆续竣工验收，2016 年 5 月底基本完成校园整体建筑、设施查验承接工作。

物业团队为维护业主利益，通过专业、细致地查验，严把质量关一丝不苟地督促施工单位整改销项，为校园顺利接收和设施设备运行奠定了良好的基础。2016 年 9 月 9 日，新学期开学典礼在体育馆内举

2016年9月9日新校园启用体育馆首次开学典礼（从左至右：公共服务处郑雁鹏、王东鸣、上勤物业花勇）

行，标志着新校园全面启动，校园公共服务也再上了一个台阶。

五、需求牵引　用心服务

随着社会生活条件的改善，师生对新校园学习环境、工作生活条件期盼很多、对服务品质的需求也不断提升。通过竞标引入校园的服务提供单位，适应激烈的市场竞争，服务意识强、工作效率、专业化程度高，良好的企业运营能力也节约了学校的管理成本。为了破解企业利润最大化和学校后勤公益性相矛盾的难题，我们引导他们考虑长远利益，树立以师生为中心的服务理念并提供高性价比的服务，赢得服务对象的口碑。工作上我们在进行工作监督的同时最大程度地给予他们支持，一起面对问题解决困难。

后勤人是朴实的，没有耀眼光芒；后勤人是平凡的，没有鲜花拥簇。上科大"有史以来"很多活动的第一次，背后都是后勤人默默的付出。一年365天忙碌在校园的各条后勤保障线上，有冒着酷暑严寒在校园里奔波工程师傅、有24小时守护校园安宁的保安小哥、有风雨无阻维护校园整洁的保洁工、有深夜还在等待学生回寝室的宿管姐姐、有繁忙地在快递柜前投递的快递小哥、有在食堂烹饪美味的厨师……，这样的一支队伍有人进、有人出，他们天天在做平凡的事，也每一天都在为这个学校写下新的故事，翻开新的篇章。

六、不忘初心　砥砺前行　科技强国　未来可期

实验室是科学的摇篮，是科学研究的基地、科技发展的源泉，对科技发展起着非常重要的作用。随着国家对教育、科研的大力投入，高校实验室数量快速增长也带来各类实验室安全事故的增加，成为校园安全管理的重点与难点。

上科大作为研究型大学，校园投入使用后，实验室持续快速增加，高质量科研成果不断产出。为适应新形势下实验室安全管理和保障师生健康，2019年9月我转任筹建环境安全与健康处推动建立学校实验室环境、健康、安全（EHS）管理体系，继续在平凡的岗位坚守校园的安全。

习近平总书记提出"科技自立自强是国家强盛之基、安全之要"。上科大踏准了时代的步点。十年卓越，未来可期！祝福上科大，明天更美好！

【作者简介】

王东鸣，上海科技大学环境安全与健康处处长。

朝花夕拾　回首来时路

花　勇

本以为往事即使再清晰，也会如一张褪色的照片，却发现，只要是用心去做并真正拥有过的，便会成为永恒……正是这段经历，让我们懂得，该以怎样的态度来面对工作和生活，在这里我要向给予我们服务机会的校领导和老师以及并肩作战的同事呈上我最深的感激和敬意。

筚路蓝缕，艰辛砥砺，八年奋进，春华秋实。上科大物业管理中心聚力奋进，与上科大发展同频共振，引领高校后勤社会化发展，八年来形成自己独特的服务保障体系和风格。

一、抢抓机遇，中标上海科技大学物业项目

回眸八年，上科大物业管理中心团队服务是一部自强不息、团结拼搏的奋斗史。2015 年 2 月，公司得知上海科技大学在张江的校园即将建成，年内部分楼宇将验收交付使用，学校将在上海市政府采购平台上开展校园后勤服务招标工作，经过公司党政班子会议作出重要决

定积极参与投标。4月，业主方代表王东鸣（时任公共服务处处长）、郑雁鹏（时任公共服务处主管）等考察公司在张江区域在管上海光源项目，随后踏勘校区建设工地，并在临时办公点高研院4号综合楼，介绍学校的办学理念和校园规划和建设交付使用情况。5月13日，上海市政府采购网发布招标信息；6月12日上午9点，上海科技大学校园物业管理项目开标，共有16家单位报名竞标。7月14日，我司收到上海上勤物业管理有限公司成功中标上海科技大学校园物业管理通知书。

二、汇聚英才，整合优势资源开荒承接查验

2015年7月24日，上科大物业管理中心正式成立，我们举全公司之力从职能部门到各项目抽调组成25人"开荒"团队进驻上科大，其中我作为国家物业管理师，还有精通设备设施的高级技师胡建刚，有

2015年7月，上海科技大学物业管理中心成立合影

曾服务于世博会的工作者、推进体系建立的外审专家沈婷，有园林园艺培育的匠人邓坚华等，值得一说的是，目前也仅有我们四位同志仍坚守在上科大校园服务岗位。那一年的张江校园正在全面建设中，校园内唯独一幢建成的楼宇"本2"成为我们最熟悉的办公点，那一年校园周边没有地铁、没有公交、没有商场，"1057"这辆再熟悉不过的"短驳班车"更是载满了同志们的回忆。

物业前期介入初期，依靠优秀的"开荒"队伍、炽热的开拓热情，通过学习读懂学校办学理念、钻研设计施工图纸、开展查验工作，逐步完成前期承接查验需要做的各项工作，25人中设备条线8人，两天时间在全市招聘设备工65人，共73人全面地毯式铺开扫楼，共分为三个阶段（第一阶段：7月24日—9月6日开学前，承接12万平方米；第二阶段：9月7日—12月31日月底，承接26万平方米；第三阶段2016年1月1日—5月31日交付使用，至此前期承接查验工作告一段落）。过程中我们精确把握查验节奏，根据现场实际施工进度组建运行组、空调组、强电组、弱电组、给排水组、消防系统组、土建装饰组、档案资料组同步进行，共查验问题汇总6000余条，边查验、边跟进整改销项、边承接运行，为校园快速投入使用做好基础保障。

岁月流逝，在披星戴月的辛苦奔波后蓦然回首，就会发现成功正在灯火阑珊处向你招手。那一年，我带着团队看过凌晨3点在建的上科大，也见过清晨跑来工地上纳凉的螃蟹；那一年，我们管理层的办公点从海科路100号行政楼搬到校内H2楼，在公共服务处办公室伴随着施工声和装修味儿一起扯开嗓子一轮又一轮地讨论"卡脖子"专项；那一年，我们每天跟着上科大领导到工地现场踏勘。现在想来，他们的这种精益求精是一以贯之的，也深深感染着我们整个服务团队。

2015 年 8 月，江绵恒校长（前排右）、印杰副校长（前排左）等察看校园在建情况

2018 年 9 月，丁浩副校长（前排中）带队检查开学准备工作

三、凝心聚力，迈上大物业＋的发展征程

从当初 25 人的前期小组到现在 412 人的团队（含保安、保洁、会务、教辅、体育场馆、宿管、设备维修、校园服务），我们踏过泥泞地面、摸过钢筋水泥、打过教室铃声、熨过每寸台裙、认过学生脸庞、翻过黄草绿枝、对过每把钥匙、搬过家具资产……作为后勤服务，"样样都管"就是我们的职责和使命。

下面就是上科大物业管理中心团队成员的原话：

——"我保障过新校区的第一场开学典礼，未来的每一场我都要在。"

2015 年 9 月 7 日，我们迎接 2015 级本科新生；9 月 14 日，我们迎接 2015 级研究生新生；9 月 18 日，我们第一次在校保障 2015 级本科生暨研究生开学典礼，整个新校园的建设全速推进，而我们的服务保障也按下了"加速键"，进入"动车组"模式。

迎新前夕，许多同事好几宿没睡，前期宿舍开荒保洁、精保洁、家具入户、安装小五金、安装吹风机、开窗通风放置绿植、核对每个寝室钥匙编号入封，提前对学生食宿、入校交通、行李提取、报道管控策划等多项细节研判，尽可能地做到细致周到，让学生充分感受"以学生为本"的理念；开学典礼前几天，在海科路园区的篮球场上昼夜布置场地，调配近千把椅子按学院颜色分区摆放、每行每列都细致到拉线处理、每个座位都贴有椅背贴、规划行人、车辆及嘉宾动线、每一处都精细布置，就连奏国歌的环节都演练十余遍。每年新生入校、开学典礼、毕业典礼，我们想尽一切方法做到极致，用专业服务达到师生满意的效果。

——"我能叫得出每位同学的名字""在我手里办的一卡通有 7000 多张。"

宿管人员："她们能叫出每个孩子的名字"。一群被孩子们亲切地称为"宿管姐姐"的她们，平均年龄在 30 岁左右。每天在孩子们上下课时段站立打招呼，不为别的就为了熟悉认识每一个可爱的脸庞，了解每位学生的脾气性格，能更有针对性地为学生定制化贴心服务。一位宿管阿姨说，当服务这些孩子生活四年，学生毕业时献花给她，紧紧拥抱着说"姐姐，您辛苦了"的那一刻，是对她们辛勤付出最好的宽慰。

安保人员："校园的守护者"。他们每天忙碌地巡视校园安全，7×24 小时地守护校园，他们熟悉校园每一个角落，能快速响应每一次用车需求，更了解每一处"打卡圣地"，如果你走在校园看到地上有三角标识，那这个点一定就是拍摄校园的最佳位置。

保洁人员："我们是反方向的钟，当师生暑假放假时，是他（她）们最繁忙的时段"。每年毕业生离退宿后的几百间房间需要在最短的时间整理好，设备人员先将房间内逐一检查及维修，随后保洁人员密集性地对房间打扫保洁，最后宿管人员一间间房间检查，确保房间内五金、设备、家具、环境整洁等问题全部解决，再贴上"欢迎新同学入住"的温馨标贴，整个流程才算完全结束。

会务人员："年轻的团队也能打硬仗"。大家可能想象不到，一个建筑面积约 70 万平方米土地的校园，仅有五名会务人员，八年来保障了副国级以上领导出席 27 场，会议接待 13321 场 /172271 人次。重大接待活动综合办公室高琳主任都会亲自带领我们一遍遍地踏勘接待路线及会场，她那勤勉的工作作风、强大的人格魅力、真挚的关爱情怀也深深打动并鼓舞着我们。接待前的路线检查、保洁环境、设备布线、桌椅调整、会场布置、音控调试、场地清场，到安保车辆引导、调拨观光车、会前准备、会场熨烫台布台裙、材料摆放、话筒消毒、路线专梯服务、贵宾引导、茶水服务、会后收尾等，服务事项繁琐、突发应急工作多，每每接待总是有 1 万多步的"长征步数"。会务接待工作就是这样以齿轮式嵌入服务，切合着后勤人的光荣使命。

教辅、体育场馆人员："他们是学生求学期间的陪伴者，是老师教学时段的守护者"。他们帮助老师管理教育教学活动、辅助师生处理教学空间内任何问题，他们无时无刻在各个教学区域，只要有诉求，他们就能在几分钟内出现在你面前并处理好任何教学相关问题。而体育场馆人员，承担着整个场馆的器材维护、场地管理等，从 2016 年的摸石头过河到现在的如鱼得水，保障好各项体育活动及课程，同时还承担着社会责任，在灾害天气面前体育馆成为了安置周边施工人员的场所，提供必要的食宿和医疗服务。他们用实际行动来诠释"绿叶精神"。

设备人员："满身油污灰土脸，摸爬滚打为师生"。在这个大后勤概念的校园里，他们始终承载着"大物业 plus"的心，服务好生产关系和生产力，更好地交汇辅助好各个条线，完美诠释"大物业"带动"若干服务项目"的服务体系。忽然想到一件事：2016 年的某一天 11点，正值食堂开餐时间档，食堂紧急求救，整个后厨像水漫金山，管理中心火速组织人员赶往现场展开全面排查，迅速锁定漏水点为一处消防水管因天气寒冷爆裂，大量水从厨房吊顶上往下流，找到源头后设备人员第一时间切断了该水管的供水水源，控制水流不再扩散，并立即采取措施修复水管。在集合十几名保洁员对食堂积水进行清理后，用最快的速度在半小时内使食堂得以顺利运行开餐，全身湿透的他们没有任何埋怨，而是会心地笑了。他们不仅为校园设备设施系统提供基础的维修、维护和保养，也为多媒体系统、弱电系统、消防系统、各家独立服务项目提供有力的支撑保障。

客服人员："隐形的百科全书"。书中索引一定能在校园中的你找到解决方案。"20685112"是学校的一站式服务窗口，每一次报修故障协调、每一次一卡通办理、每一次户籍手续跟进、每一次新生入学和毕业生离校、每一次资产贴码……校园服务中心都会告诉你：我们在，不用担心。默默无闻地坚持着"每一次"便成了踏实而真诚的"无数次"。为提升每一位生活在上科大的师生们的幸福感，我们无怨无悔。

在团队中有这么一群人，他们跟随上科大共同成长，在上科大结婚、生儿育女，他们放弃婚假，缩短产假，把青春奉献给了服务上科大。他们在2022年校园严格防控管理期间坚守岗位，与此同时还有几十人和他们一样，共同完成了一次扛起行囊"离家出走"的使命，度过了一系列充实又难忘的日子，上科大的师生给了满满的精神食粮。上科大的疫情防控从迎战、临战、到实战；从防疫、抗疫、到常态化

2019年9月，上海科技大学物业管理中心荣获上海市"最美物业团队"称号合影

开学季都"防得好""稳得住"。而我们也毫不怠慢，三个多月时间启动"三线联动"即物业、餐饮、汽服三联动，在困难时期以更迅速的反应、更精准的服务一次次完成保障工作，但为了不辜负师生的信任，年轻的后勤团队始终不畏挑战、斗志满满。

6月1日，江绵恒校长来到学校，与李儒新书记、印杰副校长、丁浩副校长、吴强副书记"一起去看看后勤服务"。他来到基层，来到每一个办公室和每位同志交流，大家都很感动。临走时，他一只脚已经跨到车上，忽然又把脚收回来，回头关切地对我们说："一定要保重好身体，感谢你们。"这句话他讲了两遍，同事们非常感动。

四、展望未来，用一片绿叶衬托上科大未来

收获果实前的等待是漫长的，但它终究会出现。历史，在奋斗中铭刻；未来，在奋斗中开拓。过去的奔赴岁月，见证了我们从稚嫩绿芽到扎根校园的砥砺行程，坚定了服务上科大的决心和目标。值上海科技大学建校十周年，我们将以此为契机，践行"家国情怀—专业技能—创新意识—服务响应"全链条式理念，更加开拓进取，更加奋力创新，为上科大校园后勤管理贡献更多"后勤大智慧"。记住过去，是为了更好地把握未来。

此时此刻，当我身处上海科技大学校园，冥思苦想着文章结尾时，脑海中回首来时路，难忘的岁月，追梦路上有你，有我。

【作者简介】

花勇，上海上勤物业管理有限公司副总经理，上海科技大学物业管理中心总经理。

上海科技大学给了我无所不能的勇气

钱乐琛

转眼间，母校上海科技大学迎来了建校十周年的庆典，我却未曾察觉自己已经离开母校这么长时间了。我想，或许是因为上科大的朋友、老师以及那里的生活点滴常常在我的脑海中涌现，使得那些记忆依然鲜活。

一、上海科技大学让我不畏挑战

此刻的我，正站在人生的十字路口，大胆地寻求和探索着各种职业道路的可能性。从数据科学到机器学习，再至风险投资和咨询，我的多元化追求往往使身边的朋友大为惊异，他们看到的是我涉猎的领域广阔而丰富。一些好友纷纷表达出他们的困惑，他们好奇我为何有勇气去挑战一个全新的领域。在这些时刻，我会深深地感叹大学对人生的影响之深远。我感到万分庆幸，有幸在上海科技大学学习和成长。上科大给了我无数次走出舒适区的机会，培养了我独一无二的思维方式和面对挑战的态度。

　　作为生命科学的学子，我在上科大的学习并未局限于生命科学领域，而是广泛涉猎诸多知识领域。在上科大的第一个学期，我和所有的新生一样，需要在短短的一个学期内完成超过 40 个学分的通识课程。其中有些是上科大的必修课，如大学物理、大学化学、高等数学、经济学、中华文明通论等，还有很多是上科大为了拓宽我们的视野而特设的多元化课程。在上科大的学习期间，我们几乎所有的专业课都使用英文原版教材，我的生物专业课的作业和考试都需要全英文答题。即使是必修的通识课程，如物理、化学、宏观经济学，也同样采用全英文教材。课堂的专业程度和考试的难度，都达到了专业院系的水平。一开始，这样广泛而深入的学习对我来说无疑是一次挑战，这个挑战使我必须保持警醒，全力以赴。当然，我并非孤军奋战。我还记得，在大一的时候，图书馆还位于海科路的楼里，期末期间的最晚接驳车，

2018 届毕业生与时任创管学院院长李玫（前排左三）合影

总能载着满满一车厢的同学返回宿舍。

回溯那些在上海科技大学的日子，我深感惊异于广阔而丰富的学识曾在那儿领略。除了基础的通识课程，我还涉猎了管理科学、中药学、艺术鉴赏、电影艺术以及智造学术等领域。那时，我被每个学期新推出的课程所吸引，纯粹地追求新鲜感，却未曾意识到这正是我生命中知识体系生长得最丰富繁茂的时刻。每一次新知识的积累就像是在人生大厦中砌下的砖石，而那座大厦的基石，便是在上科大铺下的。随后，我在生活中遇到的各类信息和知识，总是能在这座大厦中找到其位置，砌砖加瓦，使其更为完整。当今经济下行的时代，我在新闻中读到的各种经济调控手段总能唤起我在上科大学习宏观经济学的记忆。现在，在和各专业背景的朋友交流时，他们使用的专业词汇常能触发我在上科大学习时的某些知识点。虽然我并没有深入研究，但对于各类专业外的话题和事务，我总能感到亲切，使我可以自由自在地融入各类对话中。

我印象最深的是大四时选修的智造学术课，那时我只是出于好奇和趣味选择了这门课，却未曾预想到它对我在哈佛的科研将产生如此深远的影响。在智造学术课上，我学习了电路焊接、激光切割以及3D建模等技能，而这些技能在我攻读博士期间得到了实际的运用，例如焊接记录小鼠神经元信号的电路板、激光切割制作神经元成像辅助工具以及3D建模和打印辅助脑手术的工具。

正是因为在上海科技大学的学习经历，让我面对新事物时无所畏惧，对于那些在上科大接触过的概念和技能所带给我的熟悉感和自信，使我能更快地掌握并应用到后来的工作与学习中。这是上海科技大学给予我的，是我在人生旅途中无比珍视的宝物。

钱乐琛（左四）与同学们展示智造学术课程结课作品

也正因如此，我从来不觉得学习生物专业的自己，会因为要学习跨学科的知识而兴趣寥寥，也不会因为接触不熟悉的领域而望而生畏，塑造了我积极走出舒适圈的勇气。

二、上海科技大学给我树立标杆

在学校里，我有幸结识了许多优秀的老师和同学，他们无疑成为我前进道路上的榜样。每当我遇到困难或者意志松懈的时候，回想起在上科大与他们一起工作、学习时从他们身上观察到的优秀品质，总会受到鼓舞和获得勇气。我始终记得在沈伟老师实验室工作的日子。那段时间正值文章发表的关键期，沈伟老师总是不分昼夜地为学生审阅和修改文章，有时甚至在实验室连夜工作，每天仅有短暂的小憩。看着老师的努力和投入，我认识到科研工作需要强大的精力、心力和脑力。近距离地接触科研让尚在本科时期的我就意识到，这项事业必须全身心投入，且时刻坚持超高的要求。在沈伟老师实验室的科研经历不仅让我学到了为后来科研生活打下坚实基础的科研技能，而且从

2014 级沈伟导师组本科毕业生与沈伟教授（右二）合影留念

沈伟老师身上汲取了做科研的态度和精神。这一切不仅让我在学术上受益深远，更成为我生活中的恒久指引。

上个学期，我在哈佛大学担任轮转学生的导师时，我又想起本科时期的师兄杨文。每当我进入实验室，他都会提前为我准备好实验器材，并耐心讲解实验步骤。无论我遇到什么问题或疑问，他总能给出解决方案和明确的解答。当我指导学生的时候，我也这样要求自己，尽力把自己所知道的教给我的轮转生，努力成为她能够信赖的答疑解惑的学术指导者。

除此之外，上科大的学生在组织活动方面也展现出卓越的能力。每逢年末的元旦晚会或其他大型活动，组织者总能筹划出极具水准的活动。他们精心安排灯光、音乐和节目，确保现场转播流畅。这些活动为观众带来卓越的视觉享受和体验。自从离开上科大后，我很少在其他学生组织的活动中找到类似的体验。这使我常常怀念在上科大的时光，回忆母校才华横溢的同学，并激励我始终以上科大人精益求精的标准来完成任务和组织团队活动。在人生的道路上，每当我需要完成一件事情时，我都会想起他们，激励自己朝着更好、更高的方向去努力。

三、上海科技大学让我挑战自己的能力边界

记忆中，大一时的通识课程如同一次又一次的试炼，我的日常就是在各个课堂之间穿梭，埋头苦写作业，在睡觉前还需提前规划接下来一天的安排，甚至连周末也不得闲暇。上一秒在海科路实验室赶大学物理期末项目，下一秒又在宿舍楼里讨论怎么用代码画一个海绵宝宝。这种高强度的学习方式让我体验到高效率工作的独特快感。

我发现，自己在同时处理多项任务时，能够激发出最大的潜能。在不同的任务之间切换，既保持了我的热情和效率，又锻炼了我管理时间的能力。这个能力对我至关重要——在博士期间，我仍然敢于给自己设定两三项大规模的科研之外的任务，如选修 MIT 的深度学习课程，参与志愿者咨询项目等。在上科大得到的锻炼，让我相信自己有能够做好时间规划的能力，并且我知道在压力之下我能完成更多的任务。读博期间，我也曾因为习惯性的多任务处理而让自己处于崩溃的边缘。在那些压力重重的日子里，或者我想要懒散的时候，就会想起本科时期那个勇往直前的自己。如果过去的我能做到，那么现在的我同样能做到。很多时候，只要让那个过去的自己在脑海中闪过，就足以激发我情绪的转变，由消极变得充满斗志。我意识到，现在的每一个决定，每一个行动，都会成为我未来宝贵的经验。从过去的自己中获得勇气，做出现在的自己不会后悔的决定，这些都将成为我送给未

来自己的礼物。

　　人生道路漫漫，我将乘风破浪，永不止步。在上科大，我得到了大量走出舒适区的机会，去尝试未知的世界。在这个过程中，我逐渐了解到自己的优势和抗压能力，也因为那些记忆中优秀和卓越的鲜活例子而有了追逐更强大的自我的渴望。感谢母校的培养，让我相信，无论多难多远，我都有能力到达想要去的地方。

【作者简介】

　　钱乐琛，上海科技大学 2018 届本科毕业生，哈佛大学神经科学博士。

感受不一般的人生体验

吕文涛

从 2014 年来到上科大的第一天起，我曾不止一次地听到这样的一句话：作为上科大第一届学生度过自己的大学生涯，这是绝大多数人一生都不会体验到的独特经历。是的，从九年前的春天，第一次听到上科大这个名字，从那个春日的下午，第一次迈入上科大岳阳路校区的大门，就与这不平凡的大学时光结缘了。

可以说，作为上科大首届学生的一员，我们经历的上科大更是与学弟学妹有所不同。这是一所学校草创的初期阶段，是一个人生价值观建立与学校氛围建立齐头并进的时期。这个校园见证了这不足两百人的学生和几十位教师一同组成的"上科大创业帮"团队的成长。

那是一个教学模式尚在摸索的时期，每一位教授都力图将自己的课变成最硬核、最前沿的课程。我们第一次体验到了每节课带着最新论文来分享的生物课；感受到了一个月讲到核聚变，两个月讲到量子力学的大学物理概论；还体验到了每周六连续 6 个小时的超长设计与思维。

　　那也是一个校园氛围逐步形成的时期，全校的学生和教授只需要一个报告厅就可以全部承载；有的教授刚开学就能够喊得出每个学生的名字；我们可以自己组织团队，成立社团，也可以提出想法，去改变校园中的每个地方，或者创造一个新的校园传统；学生可以向学校提出希望邀请的学者，也可以建议请哪些社会知名人物来上科大交流。

　　某种意义上说，九年前的上科大是一个充满冲劲，也充满了变化的神奇地方。这个地方带给我们的是无限的机会和在这些机会上逐步成长起来的时光。尽管那时的我们，住在工地环绕的校园，熬过了一个没有暖气也没有空调的冬夏，尽管那时的上科大最近的路边摊都要走3公里开外，尽管那时甚至没有自己的实验室和机房。

　　但是我也不会忘记，在上科大前两年，那种对未来发展惴惴不安的忐忑；我也难以忘记，第一次带父母参观学校之后，妈妈回去默默流泪的样子；我也记得刚毕业走入社会时，诸多人的不解与误会。但这都是回顾我的上科大生涯中不可分割的一部分，也是促成成长的珍贵经历。

　　有时候，我会问自己：当年为何选择加入这样一所初创的、不知未来发展的学校？自己究竟是否预见到未来的十年会走向如此的人生道路？或许这里面有时代的因素，有当年的义无反顾，有最早一批师生团队之间的目标和默契。不过我还记得，当年吸引我来的，是这样一段话："我们建立上科大的目标，不只是为了做一个世界一流的大学，这所大学的目标是培养一流的科学家和创业者。"

　　回顾我的上科大生涯，就仿佛是在回顾我从高考之后的九年时光。我在这里前后删删改改重写了数遍文稿，却很难按时间去总结我的上科大生涯。思前想后，我便将这九年时光，分成了三件事——分享记录。

一、我们的社团

我在上科大，最忘不了的，是 Geek Pie 社团里走出来的好朋友们。那是一个创业中的学校里，带了那么一点点创客氛围和创业风格的团队。我们从最开始的寥寥数人，逐步发展为上科大最大规模、最多奖项、最为活跃的学生信息科创的社团。

从 2014 年创立这个团队，到 2018 年后逐步淡出社团运营，Geek Pie 社团占据了我大学生活的大部分记忆。很难说 Geek Pie 究竟是一个怎样的社团，这是一个社团的集合体，我们自发组织起来，做机器人、做各种线上服务、做学生电台、做 CTF 比赛、搞一些 AI 小项目，也参与很多开源社区的交流和活动。记忆里这个社团曾经一度为 7 个校内信息化网站服务，推出多个系列的入门和提升类技术讲座活动，曾经在 3 年里拿下 20 多人次的各类创客大赛奖项，也曾组织过跨越多个国家和年龄段的国际编程马拉松赛事。总而言之，这是一切创客社区的同学，可以把自己的设想变成现实的地方。

最开始创建这个社团的时候，听起来却十分草率。2014 年那时，一些对创客和技术有兴趣的同学，成立了一个 QQ 群，经常组织一些交流分享的活动，也会互相分享一些好玩的技术演示（demo），逐渐地，这样一个松散组织就成了一个社团。

最开始的 Geek Pie 还只是停留在讨论技术新闻、提供一些公开的课程辅导讲座的层面。随着社团逐步的扩大，越来越多的同学加入这个组织，我们便形成了一个很有创新性的组织方式：社团中分为不同的技术团队，每个技术团队都有独立的领导小组、独立的兴趣社区，也会组织独立的活动内容。技术团队之间共享活动、硬件设施甚至软件和技术资源——事实上，因为初期人数不多，领导小组之间也是彼此共享的，往往一个同学会同时兼任多个技术团队。这样的模式让这个社团成为一个类创业小团队的聚合体，每个领导小组都可以组织和计划自己的发展方向，力求做出更多有意思的 demo、推出更多有趣的活动，而社团层面积累了充分的外部资源，包括统一的运维平台和团队，机器人和硬件仓库以及场地，联合外联支持的企业—社团合作关系等等。可以说这种模式充分激活了上科大学生团体中更多敢闯敢做、又各有特长同学的潜力。

很快，我们的团队就扩张到 600 余人——在每年全校招生也不过300 人的时期，这几乎相当于大半个信息学院的学生规模。很多同学自发参与各种比赛活动，获得了很多奖项。在这个模式下，还逐步孵化出了 RM 机器人队、GeekPie_HPC 超算团队等团队，他们在校内一度小有名气。这是一个十分有趣的现象，在一个酷似创业期的大学中，以一种近乎创业者的模式，组织起这样一个小有规模的学生团体。这个社团就仿佛是那些年这所学校的缩影：一个有挑战的、有变化的、充满了机会的地方。同样的，还有一群有想法也更有创新意识的有趣的灵魂。

二、走向科研

我自认为自己在某种意义上不是一个典型的学生：我从小学开始自学编程并以此为自己的职业目标，高中参与过奥赛的专业化训练也提前系统化学习了很多专业知识，来上科大之前参与过创业项目，也有一定的开发和技术经验。得益于此，我也可能是上科大最早进入科研项目的一批学生之一。

第一次参与科研工作是在刚入学不久的大一，机缘巧合之下，我注意到学校转发的中国科学院上海无线通讯中心的学生实习项目招募。出于从小对科研的无限憧憬，我便报名并最终加入了这个团队。在无线中心的一年里，我们五位同学聚焦在一块低功耗的 DSP 平台上实现三合一车牌检测识别算法，这对于刚刚入门接触视觉算法的我们也是颇有难度。我们一起从基础视觉理论、嵌入式开发逐步做起，调研了国内外不同语言背景下的车牌检测与识别算法的发展脉络，结合国内的主要场景，最终花费一年时间完成这个项目。

类似的生活在上科大并不罕见。可能是一个项目课题，甚至可能是一个课程设计，都会带来意想不到的挑战。大二的计算机体系架构课程是我很喜欢的课程设计之一。同学们被要求在期中考试前，阅读并理解 MIPS 指令集的原理，具备直接撰写汇编程序的能力。接下来的整整两个月，作业和课程设计只有一个，那就是用逻辑门模拟器自制一个支持 MIPS 指令集的 CPU。这个项目让我时隔多年都记忆犹新，可能十年之后，当我开始淡忘课程上学到的知识的时候，自己还能够回忆起那个用逻辑门阵列一点点搭建逻辑单元的经历吧。

随着学习的深入，大三那年，我开始了自己第一个正式发表的学术研究项目，并发表了第一篇顶会论文。那是一个关于计算机图形学优化的系统，旨在让消费级的电脑能够加载和渲染超出常规数百倍乃至上千倍的亿万像素贴图数据。这个项目的完成颇费周折，一方面是技术本身尚有不少难度，另一方面是我们应用了很多操作系统的调度和优化策略算法，让图形学渲染更加的高效。大三的那年秋天，是一

三维激光＋机器人的早期研发装置

个充实且忙碌的秋天。在消耗掉两大箱军粮，又度过了十几个通宵的排错后，我们的程序第一次成功绘制出高清的渲染画面。那一刻的快乐和成就感，多年之后依然记忆犹新。这是我们最快乐的时刻，觉得一切的辛苦都是值得的。

我是很幸运的，从大三到硕士研究生毕业，在恩师虞晶怡教授的指导和支持下，我在自己喜欢的研究方向上走了很远，也尝试了很多感兴趣的方向。逐渐地，从单一的大规模渲染算法，做到大场景的环境建模方案，再到成体系的机器人感知算法系统。机缘巧合下，这一路的科研经历将我带向了创业的门前。

三、创业无止境

我是在研究生在读期间就开始创业的，仿佛是冥冥中有一种注定，最开始从山东来到上海，而后有了自己的社团和自己的研究方向，继而在积累的团队和技术的基础上，开始运作一家创业公司，并且尝试推出一套革命性的技术产品。初听起来仿佛有那么一丝运气和碰巧，可谁能知道这恰恰也是高中时我给自己定下的人生目标。

最开始决定选择创业的方向，是来自大三的一段人生纠结期。在那几个月中，关于未来究竟是做科研、去工业界还是做些别的什么，成为我一个百思不得其解的问题。幸而在纠结之余，我找了很多导师和朋友请教。有时候我会约一位教授，认真探讨三四个小时，从当年的读书生涯，到如何走上科研这条道路，再到现在的生活和思考；有时候我会找到在社团里陆续认识到的创业朋友，跟他们谈谈如何走上这条道路，究竟为何决定放弃看似稳定的生活。思来想去，也差不多聊过了二十多位，逐渐地让我意识到一句话："大学阶段里很重要的一课，不是学到什么，而是学会放弃什么"，这句话恰恰总结了这一年纠结的关键所在。

在一次又一次的交流中，我逐步了解到不同的人生经历，也学习到很多有趣的思维方式。有位教授曾经带我认真分析个人能力和特长在未来的主要机会及成本得失，也有教授跟我介绍他如何在工业界和学术界切换自如，还有一位教授分享了他如何从专业的名校生物学博士毕业的身份，转向自己更热爱的先秦文学研究。这让我对自己有了更加深刻的思考。"最多五年，我终究会忍不住去创业的"。这句话成为我在纠结和自我思考后，得到的最关键的认知。也正是这份认知，鼓励我勇敢走向创业的道路。

我的创业公司 Stereye 岱悟智能，成立于 2019 年，那时我还刚刚读研究生。最开始，这个公司仅仅是几个师兄弟组织起来的一个小工作室，尝试做一些酷炫但并不清楚商业应用的小机器人。我们曾经开

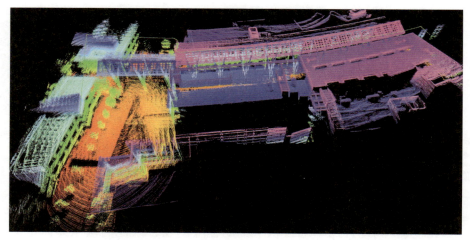

创业项目岱悟智能旨在帮助工业客户快速获取建筑室内外三维数据

发过一款室内飞行的扫描无人机，可以自动化在房间内巡游，并且建立一个室内三维模型。很碰巧的是，在学校的支持和鼓励下，作为最早的上科大学生创业公司之一，我们接触到初创天使基金和很多市场应用机会。团队逐渐发展，我们也获得了来自金沙江和联升资本的第一笔种子轮融资，这极大地鼓舞了我们探索研究、技术与应用的结合。

这家创业公司的核心团队是来自上科大前几届的校友同学以及上科大教授。甚至可以说我们曾经是多年的朋友、伙伴或者师徒，而后才变成一个初创企业的合伙人。在这个过程中，我们曾经有过一段深刻的核心讨论，关键主题只有一个：我们要做一个怎样的公司。非常有趣的是，我们很快达成共识：我们不要做一个为了追赶风口而存在的公司；我们要做一个能够把前沿技术方案落地到真实需求场景的产品方案；我们要做一个接地气的机器人 AI 公司。这个共识构筑了这家创业公司走到今天的核心思维模式。

当然，在创业的道路上，困难与挑战总是比读书学习多得多。一开始，我们试图用三维场景建模的扫描机器人，辅助工程领域的数字化管理，让每个工程项目都可以从人工管理逐步走向数字管理。这是一个非常有挑战性的目标，整整一年的时间，我们原本引以为傲的前沿技术 demo，在实际应用场景中屡屡碰壁，实际应用场景的复杂与多变是远超实验室中所做的预期。质疑与否定的想法从早期客户的口中，逐步蔓延到一些团队成员身上："你们去做一些论文，搞搞科研多好，这都离真正应用远得很呢"。接近十个月的时间，我们几乎沉浸在尝试—碰壁—修改—再碰壁的循环之中。逐渐地，一些团队成员开始动摇，我们也开始面临最早的一次危机。

然而，危机与机遇总是并存的，正如屡次的修改与碰壁的循环，并不是单纯的原地踏步。从第一版的工程样机，到去年人工智能大会发布的国内第一款手持高密度实时三维扫描机器人，我们推倒重来了六次。每次的更新，都让我们距离最终可用的产品更近一步，也让我们的产品更加有竞争力。终于，我们攻克了大场景建模的误差漂移问题，率先实现了所见即所得的实时三维建模能力，我们的技术方案不仅在扫描方案上实现了十余倍的效率提升，更可以自动化、无人化地完成建模、着色、材质贴图等一系列原本人工才可以完成的工作。渐渐地，我们开始有了深度的客户合作并开始得到市场的认可。

我很幸运，我们的团队能够应对这些挑战，因为这也是一笔难得的财富。正是跳出舒适圈，我们得以重新审视自己过往的选择。也让我们更加理解所从事的创业理想的珍贵之处。

我记得，在 2021 年的毕业典礼上，我曾经分享过这样一段话，这是写在 9 年前，我刚刚迈入这所学校之际，给未来的自己所留的一封信：

致未来的我：

2014 年，我来到上科大；

我希望，在毕业之际的我：

1. 成为一个货真价实的学术极客；

2. 在大学完成第一个伟大的项目；

3. 做到我认为做得到的事；

4. 找到自己的朋友和伙伴；

5. 找到那个改变世界的机会。

最后，最最关键的

To be myself.

回顾在上科大的时光，我很感激所经历的一切，我要感谢一同走来的教授与同学，感谢在迷茫之中帮助过我们的每个朋友，感谢这个可谓"魔幻"但充满机遇的大学生活，感谢这个伟大的时代下，不一般的人生体验。

【作者简介】

吕文涛，上海科技大学 2018 届本科毕业生，2021 届硕士毕业生。

爱和想象力

陈安琪

我与上科大结缘要从高二结束的暑假开始，参加了高中生夏令营，在随后的校园开放日中拿到 A 档加分，并最终成为上科大的首届本科生，保研后在这里完成了博士研究生的深造。如果用这样笼统的介绍来概括这个人生阶段，那么当年夏令营的同期营员、校园开放日的队友中也有和我一样在上科大经过本研九年学习生活的同学，但共享着以上全部或部分类似经历的我们，并不能被这些标签简单定义。在自由探索的校园环境和丰富的资源与教导下成长，生活中的点滴积累与兴趣使然的选择使我们各自成为独一无二的自己，而我是在一以贯之的执着下最终有所收获。

一、在实践中找到"所爱"

回顾本科四年的时光，这个阶段是在不断地实践和反思中找到"所爱"的过程。虽然课业强度很大，但是在自由活跃的环境中丰富的实践机会让我能够不设限地广泛尝试。

　　从大一开始的课程包容万象，培养方案里的专业课程和跨学科的通识课，帮助我建立以专业技能为核心的多领域基础。除此之外，我还选修了创管学院开设的金融类课程和创艺学院的艺术鉴赏类课程，来调剂生活、拓宽视野。当时修读的部分课程，现在已经纳入人文科学研究院的课程体系之下。扎实的专业基础助力了我在高年级科研实践。大一下学期以无机化学课为契机，我加入了任课老师林柏霖教授的课题组，初探实验室真实科研的模样。从刚开始协助研究生做一些基本实验，到后来接手独立的课题，自行设计实验、发现问题和解决问题。在我心里高居神坛的"科研工作"严肃依旧，但不再高不可攀。"学以致用"就是助力攀登的梯子。我在大三开始了二氧化碳电化学固定的量化研究课题，最终在大四以第一作者身份将研究成果发表于国际学术期刊 JOULE。在此期间也遇到过瓶颈，通过与导师积极讨论和头脑风暴后的思考和尝试，常常会有拨云见日的效果。

2018 年，陈安琪本科毕业

除了课程和科研，在参加社团活动、各类比赛，还有社会实践、产业实践时，我们也可以增进对自己所处社会、所学专业的认识，并且探索专业相关的行业。本科期间，我以课题组的科研成果为技术载体，带领团队参加了"互联网+"和"创青春"等大学生创新创业比赛。赛前准备和比赛中的摸索几乎汇集了我在各个课程学习和科研实践中的所学所获。通过专业课的学习和科研实践的培训，我能够深入理解项目技术难点和技术优势。除此以外，当我在大一上创管学院的"设计思维"时，绝对不会想到课程要求我们对客户痛点刨根问底的追问，会在此刻打磨项目商业模式时真实使用；每一次比赛和活动都是我锻炼答辩技巧和能力的机会。而我们的创赛项目所聚焦的新能源利用、碳排放问题及解决方案，恰好对应了江绵恒校长在首届本科生开学典礼致辞中提到的能源科技创新。这是我初入大学校园，坐在开学典礼的台下时未能预想到的，而今我可以利用所学所长，朝着这个方向自由探索。

实践的目的是广泛了解，给思考自身偏好、进行未来规划提供素材。然后才能在反思中发现自己的兴趣点、发现"所爱"。当发现自己所学的专业、所研究的课题，可能有机会解决真正重要的问题，这就成为我想要继续钻研的动力。科研和创赛中的实践，贯穿了我从本科到博士研究生的整个阶段。

二、在"冷板凳"上做"新鲜事"

"大体而言，灵感不是诗人或艺术家的专属特权；现在、过去和以后，灵感总会去造访某一群人——那些自觉性选择自己的职业并且用爱和想象力去经营工作的人……无论灵感是什么，它衍生自接连不断的'我不知道'",在看到诗人辛波斯卡的诺贝尔奖致辞时，我立刻想到"科技文明通论"第一节课探讨的科学与艺术的同根同源。虽然课程上的论述是以更学术的角度从古希腊科学与艺术的起源讲起，但诗人浪漫化的语言也道出了两者的相似之处：灵感来自好奇心。

好奇心是对解决问题的执念，这也是科研与创业的相通之处。而创新就是解决问题的必须方法。这里的"新鲜事"指的是创新之事。浓厚的科研氛围和鼓励创新创业的环境，一定是相辅相成的，这一点在上科大体现得尤为明显。科研与创业的另外一个相似之处是甘愿坐冷板凳。一朝成果发表获得同行认可和公司技术不断验证并在经济上可行，在此之前以及未来长期研发的过程中，都会有冷板凳要坐，硬骨头要啃。

壳牌能源研究与创新卓越奖———一等奖颁奖现场互动

　　我的博士研究生课题仍然围绕二氧化碳移除技术，这在"碳达峰、碳中和"背景下显得尤为重要。但即使在此背景下，除了捕集烟道气中的高浓度二氧化碳、二氧化碳的地质封存外，以直接空气碳捕集与封存以及增强风化固碳为代表的二氧化碳移除技术，在国内受到较少的研究关注。面对相对冷门的课题，会在课题进展缓慢、陷入自我怀疑和迷茫中。导师鼓励我要做"有态度"的科研，去解决真正重要的问题。在博士课题中，我以实现全球温控目标为评价标准，对实施碳移除技术所对应的能源、时间、空间和资源需求进行评估，并规划可能的碳减排、碳移除路径。在平日里刷一刷领域内最新发表的研究论文时，一篇发表在《自然》（Nature）正刊上关于增强风化技术的理论研究工作引起了我的注意。根据理论模拟结果，这项工作认为增强风化技术将在短时间内具有非常可观的固碳规模。这与我的课题研究中

2020 年 12 月 7 日，陈安琪（左二）参加上海市大学生年度人物颁奖仪式

初步得出的"风化固碳规模受限于缓慢动力学过程"的结论产生了分歧。而此时我已经是研究生三年级，时间已经过了大半。如果找不到分歧产生的原因，或是我在推演中出了差错，那我此前的大部分研究都要推倒重来。巨大的压力铺天盖地而来。我不得不暂停课题，沉下心来认真地分析这篇文章的理论研究方法、方法所基于的假设，以及作者对模型的具体修正内容。我发现作者在模型中纳入了尚存争议的风化促进因素。我立刻与导师讨论了这个初步发现。根据导师的建议，我又把文献中理论模型所使用的动力学参数和我此前整理的实验研究结果进行对比，最终发现这项理论模拟工作中得到的年度风化比例，比实验研究高一到三个数量级。终于找到了问题所在！这个小插曲让我更加意识到自己博士课题的重要意义并继续坚持下去。在我博士最后一年，日常跟进最新文献的时候，我看到该团队后来在《自然》（Nature）子刊上的理论研究工作，同样在风化固碳速率的结论上受到了同行的挑战。这让我在感到意外的同时，也更加感谢自己当初的坚持。事实证明，对问题答案的执著，以及好奇心驱使的一步步扎实细致的研究，是自我怀疑的最好解药。由于对碳中和技术的持续关注和研究，"与二氧化碳较劲"的我也因此获得"2019年上海市大学生年度人物"的称号。

由于延续了本科阶段的创业实践，我作为团队负责人在学校第三届创新创业大赛上获得了二等奖的成绩。感谢上科大提供的平台，使我能够和众多投资人当面探讨交流，大有裨益。赛后投资人对项目的兴趣和追问，使我更加认定了借助资本使技术落地以更快解决问题的可能性。本科阶段参加创赛时还经不起认真推敲的商业计划，在导师、师姐师弟们和我的不懈努力之下，团队共同的技术沉淀和无数遍打磨后最终形成的商业闭环方案，使团队项目获得了多个头部风投机构的青睐。作为除导师外的学生联合创始人之一，我们共同成立的公司最终获得了天使轮融资。

为拿到融资所付出的努力，只是创业过程中坎坷的开始。投资条款的谈判恰好是因为疫情隔离在宿舍期间。为了避免打扰室友，我多次在洗手间里进行着漫长又激烈的沟通。虽然主要靠公司的法务团队来冲锋陷阵，但我仍在逼仄的空间中与生涩的法律术语和反复推敲的细节中不断周旋。不久后，公司化运营也不再像本科创赛时仅停留在商业计划书层面，团队、人力、管理、财务、法务等运营环节全部变成需要决策和执行的具体事情，这时才真正体验到创业的实感。由于行业属性的特点，材料化工类的创业项目在产品研发迭代的周期较久，在瞬息变化的市场环境下，紧迫感使经验沉淀并尽快形成技术壁垒的压力也增加。团队成员之间在技术方案上会产生分歧，我们与导师之间的讨论，也从之前仅关于科研课题的探讨，拓展到了公司治理、团队管理和项目管理方面。激烈的争执在过往纯粹的课题组科研环境下非常少见。但是"为了把事情做成"的共同目的使大家论事不论人，反而在头脑风暴的思维碰撞中产生灵感的火花。

无论是科研还是创业中对创新的热情，除了来自对问题答案的好奇心，可能也少不了想要"给世界创造一些改变"的理想主义。由于研究生阶段一直从事与能源利用和二氧化碳减排技术相关的研究，我知道我们这一代人就将亲历地球气候变化所带来的一系列影响。在我国，碳达峰碳中和已经在稳妥有序推进中，国家颁布了一系列的政策和标准，改变正在慢慢发生。我也会用自己的行动来助推这些改变，无论是为建设绿色校园建言献策，还是用自己所学甚至自己的事业使国家和世界产生一点更好的改变。出于对团队所解决问题的认同以及过程中发现问题、解决问题的获得感，我将在博士毕业后正式入职我们的初创公司。用自己所学让能源的使用更具可持续性、让环境变得更美好的小小希冀，使我"自觉选择"，并用"爱和想象力去经营"。

　　无论是说我们贴着"黄埔一期"的标签，还是上科大教育改革的第一批实验品，这样的说法总带着被关注、被凝视的意味。虽然被投注了外在的期许，但无论是在实践中找到"所爱"，还是在"冷板凳"上做"新鲜事"，都是一个远离聚光灯，向内看去找到自己本心的过程。上科大的培养塑造了各有所长的我们，难忘的经历构筑了我们独有的校园回忆，我们这群上科大人将带着肩头的责任与使命，带着迎难而上的勇气与担当，奔赴各行各业，书写青春答卷。

【作者简介】

　　陈安琪，上海科技大学 2018 届本科毕业生、2023 届博士毕业生。

一弦一柱思华年

张　羽

　　在一个很幸运的清晨收到了学院老师作为优秀校友的邀稿，正在赶路上班的我顿觉自惭形秽，深知自己远没有达到这个标准，在人生的旅途上还有很远的路要走，很多的山要爬，希望将来在上科大五十周年校庆的时候能以更加从容的姿态书写这份答卷，目前只能以粗浅的笔墨记下脑海中与上科大的点滴。其实作为工科生鲜有细腻的想象、华丽的词藻来撰写文章，那么我就将与上科大的缘分分为几个部分来记叙吧。

一、全国大学生夏令营

　　与上科大最朴素的记忆源于 2018 年的全国大学生夏令营，在大三准备考研的时候，夏季抽空参加了一些夏令营，仍记得当时上科大夏令营的时间和其他高校夏令营时间有冲突，还好上科大秉着以学生为本的原则另外开设了一个时间，让我得以与这所学校结下不解情缘。

得益于上科大的新式教育理念，这所学校的建筑风格充满了现代感，与我本科就读的传统大学的风格"大相径庭"，这是我进入上科大的第一感觉。科技感的信息学院更让我眼前一亮，很多高新实验室让我第一次有了"科技就在身边"的感觉，同时在震撼之余更多的是对这个学校的亲切和突然的熟悉感，于是"想成为上科大的一名学生"的念头变得更加浓烈。

我仍记得参加夏令营时与导师"一对一"的见面过程，由于当时对行业的粗浅认知导致和学院老师的交流略显浅薄，但从老师们的谈话中我收获甚多，深刻得有种学以致用的感觉。尤其是学院周平强老师对产业界的了解给了我很强烈的震撼，时隔多年，可能对于每年要接待很多学生的周老师来说那只是他工作中微不足道的一件小事，但却让我从那时的心底里种下了"上科大人"的种子。

夏令营结束之后，我回到了本科母校，准备着保研和考研的双重选择，但目标却异常坚定，我迫切地想要留在那里，想要与上科大结缘，想在那里开启我新的研究生旅途。而我也足够幸运，在参加完这段"大开眼界"的夏令营之后，幸运地收到了上科大夏令营优秀营员的录取通知。大四的那个秋天很冷，在得知只能保研本校之后对于考研我丝毫不敢怠慢，成了寝室里起床最早和回来最晚的人，每当在我坚持不下的时候都会想起那个夏天和上科大的约定，那一份向往支撑着我度过了考研前的寒冬并最终收获了理想的成绩。

二、求学之路

在上科大的读研时光和我过往学生时代的求学经历差异巨大，对我来说不仅是很新的体验，更是不小的挑战。尤其记得大部分专业课是英文的授课模式，这让我很是头疼和畏惧。硬着头皮上课，疯狂记笔记，感觉自己时刻在漏听知识点，下课还要再疯狂补课和复习，每天都忙得不可开交并惴惴不安，逐渐成了图书馆的常客。可每当自己完成那一次次结业项目以及收获一张张满意的成绩单时，总有种挑战自己收获成长的感动。我很喜欢上科大那种包容感和自由感，总让我觉得自己还有许多人生没有去经历，还有很多知识没有去涉猎，悄然间便不觉从指缝中溜走很多校园时光。

研一求学时，我最珍惜的和陪伴我最多的是上科大的图书馆，在每个打着哈欠的早晨，困顿的午后，以及忙忙碌碌还没做完项目的晚上，图书馆四、五楼的自习室承载了我太多赶作业、复习和学习的记

2020 年，代表校团委组织参加上海国际马拉松志愿者活动，现场激情四射、斗志昂扬

忆。还有许多悠闲的时光，我喜欢漫无目的地在图书馆"游荡"，徜徉在书海里，提着一杯咖啡，鼻尖传来中外名著的书香，眼底尽收海藏书籍的整洁，这些都让我心旷神怡和分外放松。还有上科大的操场，无论是白天还是傍晚，总能传来恣意挥洒青春汗水的声音，在每晚的10点都留下我五圈的汗水，都让我感受到燃烧的青春和值得尖叫、把握的当下校园生活。

当然，上科大带给我的远不止这些。"大学之道，在明明德，在亲民，在止于至善"，《大学》里的这段话我初入大学时就已听说，然而一知半解，从未深挖其意。直到我现在毕业，回顾自己的学生时代才深有体会。那段求学生活里上科大给了我时间和机会，一些认识世界、认识大学、认识探索我自己的机会，最后让我明白想做什么，想成为一个怎样的人。我很喜欢给自己制定"三年计划"，大一的时候我知道自己三年后要读研，可读研之后却不知道三年后的自己何去何从，这种随波逐流的无力感让我不适应并且很讨厌。而这种感觉随着我在接触到"数字集成电路"课程后消失殆尽，这门课像是一个相见恨晚的知己，而对我这样一个数码发烧友来说就像是一个大器晚成的武者突然被打通了任督二脉一般，使我甘之如饴。通过对"数字集成电路"的学习，我确立了自己的职业方向——芯片研发相关工作，虽然这对于专业相关度较低的我来说并不友好，但我相信凭借十二分的热情和兴趣可以弥补那缺失的几分专业上的差异。于是在学习之余，我开始有目的地、有计划地寻找一些适合的实习，在不懈的努力下，先后在 AMD、SynSense 等公司出色地完成实习并收获职业上的初体验，这些实习机会为我的毕业求职打下了良好的基础，而这一切仅源于一门课程的启迪。

三、科研与学术

上科大和中国科学院的联培项目不仅让我拥有了在上科大学习、生活收获成长的机会，还让我体验了中国科学院的学术培养和师资教育。我足够幸运能够在研二伊始便来到中国科学院技物所跟随林春教授进行学术和科研。

中国科学院技物所里云集了许多纵情学术、勤恳科研的老师、研究员、硕士和博士等，他们在学术上兢兢业业，在科研上同样一丝不苟。师兄师姐在我身边形成一个又一个鲜明的榜样，让我明白山外有山人外有人、板凳需坐十年冷的道理，他们那么优秀却又比我努力，无论走到哪里，我都因曾有这样的同伴而自勉。

犹记研二下旬，家中陡生变故，我的心情跌落低谷，林老师及时在生活上为我分忧，在科研上为我指路，让我对毕业、对未来不再恐慌。在这段科研的日子里，我在林老师的带领和指导下完成和攻克了课题研究上一个又一个的困难，犹记那沉甸甸的液氮罐、半夜 1 点走出实验室的哈欠和凌晨 4 点关掉的设备，虽苦犹甜。一切的付出都有回报，毕业前夕我成功地在 *JSTS* 上刊发了小论文，并如期完成了硕士论

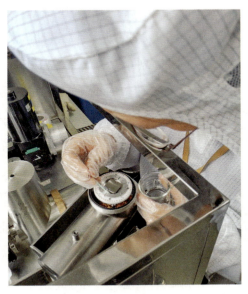

2021 年，张羽于中国科学院技物所实验室做实验准备，由于技术不够熟练，实验过程相当耗时

文和答辩，为自己的研究生生涯画上了圆满的句点。

四、毕业季

每个研究生的毕业季都绕不开秋招，我也不例外。我曾经有无数次向往过，摩拳擦掌于这种期待已久的考验，也终于在快要临近秋招时惊觉自己还未充分准备好，突生恐惧之意。

我曾经不止一次向同学表达过，希望从事集成电路相关的行业，而最理想的企业便是华为海思，可当华为第一次秋招的笔试机会没通过时，我一下子慌了神，深深地觉得自己由于过于自信而轻敌了。在好几个惆怅到失眠的夜晚之后，我总结和回顾了自己已经参加过的秋招，发现自己有针对性的准备太少，于是我决定从心态上和行动上两方面调整自己。第一，在心态上，我告诉自己不要被目标束缚，把秋招当作练手，不要过于孤注一掷；第二，在行动上，我开始制定了一个月的复习计划。

通过一次又一次的笔试和面试后，我的心态逐渐趋于平稳，也在一次又一次与面试官的交流中找到了自己的节奏和方向，收获了一份又一份不错的录取通知书。从开始面对秋招的不适应和慌乱，到几个笔试、面试并行准备到游刃有余，这份努力的汗水背后是一次动脑又动手的充分准备和成长，各中酸楚只有我自己知道。所以在某一天收到心仪已久的华为海思的录取通知的时候，我反而没有过多激动和惊喜，这对我来说更像是在意料之中的如期而至。此外更多的是些许对未来不确定的忧愁，梦想已经成真，我可以在心仪已久的华为从事自己感兴趣的方向，但未来如何成长，直到此时此刻，我心中仍抱有疑惑，这也将是我接下来一段时间的思考。但可以肯定的是，虽然我无法看清未来的模样，但仍会努力把握住当下的点滴，做好身边的每一件小事。不负自己，不负恩师，不负母校，这应是身为一名上科大学子的觉悟与期许。

【作者简介】

张羽，华为技术有限公司芯片开发工程师，2022届上海科技大学、中国科学院上海技术物理研究所联合培养硕士毕业生。

附：

上海科技大学历届毕业生校长奖
获奖者名单

序号	姓　名	学　院	专　业	毕业去向	入学时间	毕业时间	获奖时间
1	陈安琪	物质科学与技术学院	材料科学与工程	自主创业：碳谐科技（上海）有限公司	2014 年	2018 年（本科）2023 年（博士）	2018 年
2	钱乐琛	生命科学与技术学院	生物学	哈佛大学	2014 年	2018 年（本科）	2018 年
3	朱灏龙	生命科学与技术学院	生物学	约翰斯·霍普金斯大学	2014 年	2018 年（本科）	2018 年
4	吕文涛	信息科学与技术学院	计算机科学与技术	自主创业：岱悟智能科技（上海）有限公司	2014 年	2018 年（本科）2021 年（硕士）	2018 年
5	黄政嘉	信息科学与技术学院	电子信息工程	卡耐基梅隆大学	2014 年	2018 年（本科）	2018 年
6	张嘉鑫	物质科学与技术学院	物理学	清华大学高等研究院	2015 年	2019 年（本科）	2019 年
7	唐一丰	物质科学与技术学院	化学	芝加哥大学	2015 年	2019 年（本科）	2019 年
8	庄　蕾	生命科学与技术学院	生物学	罗格斯大学	2015 年	2019 年（本科）	2019 年

序号	姓 名	学 院	专 业	毕业去向	入学时间	毕业时间	获奖时间
9	谢志强	信息科学与技术学院	计算机科学与技术	斯坦福大学	2015年	2019年（本科）2022年（硕士）	2019年
10	申卓凡	物质科学与技术学院	化学	康奈尔大学	2016年	2020年（本科）	2020年
11	桑漫坤	物质科学与技术学院	材料科学与工程	约翰斯·霍普金斯大学	2016年	2020年（本科）	2020年
12	王舒然	生命科学与技术学院	生物学	康奈尔大学	2016年	2020年（本科）	2020年
13	郭陈君	生命科学与技术学院	生物学	上海科技大学	2016年	2020年（本科）	2020年
14	张心瑜	信息科学与技术学院	计算机科学与技术	卡耐基梅隆大学	2016年	2020年（本科）	2020年
15	秦 琦	信息科学与技术学院	计算机科学与技术	美国 Coderrect Inc.	2016年	2020年（本科）2023年（硕士）	2020年
16	沈嫣然	物质科学与技术学院	材料科学与工程	北京大学	2017年	2021年（本科）	2021年
17	陈 昊	物质科学与技术学院	物理学	普林斯顿大学	2017年	2021年（本科）	2021年
18	朱 敏	物质科学与技术学院	化学	柏林工业大学	2016年	2021年（博士）	2021年
19	李佳欣	生命科学与技术学院	生物学	约翰斯·霍普金斯大学	2017年	2021年（本科）	2021年
20	李洁莹	生命科学与技术学院	生物学	约翰斯·霍普金斯大学	2017年	2021年（本科）	2021年
21	王丽洁	生命科学与技术学院	生物学	正序（上海）生物科技有限公司	2015年	2021年（博士）	2021年

续表

序号	姓　名	学　院	专　业	毕业去向	入学时间	毕业时间	获奖时间
22	许　腾	信息科学与技术学院	计算机科学与技术	上海科技大学	2017 年	2021 年（本科）	2021 年
23	张正枰	信息科学与技术学院	电子信息工程	上海科技大学	2017 年	2021 年（本科）	2021 年
24	李　伟	信息科学与技术学院	信息与通信工程	法国国家信息与自动化研究院	2015 年	2021 年（博士）	2021 年
25	冯霆楷	物质科学与技术学院	材料科学与工程	北京大学	2018 年	2022 年（本科）	2022 年
26	刘俊宏	物质科学与技术学院	材料科学与工程	上海交通大学	2018 年	2022 年（本科）	2022 年
27	李晗升	物质科学与技术学院	材料科学与工程	国防科技大学	2017 年	2022 年（博士）	2022 年
28	刘宇锋	生命科学与技术学院	生物学	耶鲁大学	2018 年	2022 年（本科）	2022 年
29	周爱林	生命科学与技术学院	生物学	约翰斯·霍普金斯大学	2018 年	2022 年（本科）	2022 年
30	张　海	生命科学与技术学院	生物学	华南农业大学	2015 年	2022 年（博士）	2022 年
31	李笑风	信息科学与技术学院	计算机科学与技术	上海科技大学	2018 年	2022 年（本科）	2022 年
32	张龙文	信息科学与技术学院	计算机科学与技术	上海科技大学	2018 年	2022 年（本科）	2022 年
33	戚倨瑞	信息科学与技术学院	电子信息工程	加州大学圣地亚哥分校	2018 年	2022 年（本科）	2022 年
34	王星光	信息科学与技术学院	电子科学与技术	上海海思技术有限公司	2017 年	2022 年（博士）	2022 年
35	杨云清	物质科学与技术学院	化学	牛津大学	2019 年	2023 年（本科）	2023 年
36	梁锦江	物质科学与技术学院	材料科学与工程	上海科技大学	2019 年	2023 年（本科）	2023 年

续表

序号	姓 名	学 院	专 业	毕业去向	入学时间	毕业时间	获奖时间
37	朱诚昊	生命科学与技术学院	生物学	耶鲁大学	2019 年	2023 年（本科）	2023 年
38	孙 振	生命科学与技术学院	生物学	中国科学院分子细胞科学卓越创新中心	2017 年	2023 年（博士）	2023 年
39	吴蔚琪	信息科学与技术学院	计算机科学与技术	上海交通大学	2019 年	2023 年（本科）	2023 年
40	姚瑗佳	信息科学与技术学院	电子信息工程	麻省理工学院	2019 年	2023 年（本科）	2023 年
41	蔡佩珩	信息科学与技术学院	计算机科学与技术	上海交通大学	2019 年	2023 年（本科）	2023 年
42	王新宇	信息科学与技术学院	计算机科学与技术	阿里巴巴达摩院	2014 年	2018 年（本科）2023 年（博士）	2023 年
43	杜新晨	数学科学研究所	数学与应用数学	芝加哥大学	2019 年	2023 年（本科）	2023 年

后 记

在上海科技大学建校十周年之际，由三十余位参与学校筹划、建设和发展的亲历者代表共同编写的文集《十年奠基　百年筑梦——上海科技大学建校十年纪事》一书正式出版与读者见面。

十年砥砺进取，上海科技大学从破土的高等教育幼苗成长为中国新型研究型大学的重要成员。十年奠基筑梦，上海科技大学将沉淀过往，初心不改，底色不褪，前行的步伐更加坚定有力，继续向着百年目标和梦想迈进，努力为民族复兴、人民福祉和世界进步作出上海科技大学的贡献。

此书的编辑整理得到了校内各单位的积极协助，综合办公室高瑄、树林、王泽家、管舜瑛，物质科学与技术学院陈蕾，生命科学与技术学院严静雯，信息科学与技术学院高正纯，免疫化学研究所冯明静，iHuman 研究所马岑玲，大科学中心吴佳桢，国际事务处聂焱，学生事务处刘勤、夏辅元等同志为本书编撰进行了大量协调和信息收集工作。王娜、孙梦迪、丁莹、阳洁、方喻、竺莉莉、姜雪、李秋凝、张帆、马贝、周卿、薛颖、沈彤、李峰、李碧波等同志也承担了部分书稿的整理工作。

本书能够顺利出版得到了上海人民出版社领导和本书责任编辑的大力支持，在此一并致谢，也恳请读者给予批评指正。

本书编写组

2023 年 9 月

图书在版编目(CIP)数据

十年奠基　百年筑梦:上海科技大学建校十年纪事/
本书编写组编. —上海:上海人民出版社,2023
ISBN 978-7-208-18537-1

Ⅰ.①十⋯　Ⅱ.①本⋯　Ⅲ.①上海科技大学-校史
Ⅳ.①G649.285.1

中国国家版本馆 CIP 数据核字(2023)第 173012 号

责任编辑　马瑞瑞　杨　清
封面设计　人马艺术设计・储平

十年奠基　百年筑梦
——上海科技大学建校十年纪事
本书编写组　编

出　　版　上海人民出版社
　　　　　(201101　上海市闵行区号景路 159 弄 C 座)
发　　行　上海人民出版社发行中心
印　　刷　上海盛通时代印刷有限公司
开　　本　720×1000　1/16
印　　张　20.5
插　　页　4
字　　数　229,000
版　　次　2023 年 9 月第 1 版
印　　次　2023 年 9 月第 1 次印刷
ISBN 978-7-208-18537-1/K・3317
定　　价　146.00 元